133,6
chiromancie.

D1004135

Edition du Club France Loisirs, Paris
avec l'autorisation des Editions Tchou

© Tchou, éditeur, 1982
ISBN : 2-7242-1608-3

RAYMOND WEISSBRODT

les lignes de votre main parlent

Tout
ce que la main
peut vous apprendre
sur vous-même
et votre
destin

FRANCE LOISIRS
123, boulevard de Grenelle, Paris

A la mémoire de mon père

Je vais dévoiler tous les mystères :
mystères religieux ou naturels, mort,
naissance, avenir, passé, cosmogonie,
néant. Je suis maître
des fantasmagories.
Écoutez !...
J'ai tous les talents ! Il n'y a
personne ici et il y a quelqu'un :
je ne voudrais pas répandre mon trésor.
Arthur Rimbaud

Quel siècle à mains !
Arthur Rimbaud

Ce monde inconnu, mystérieux
et fascinant qu'est la lecture
d'une main !
Félix Leclerc

Sommaire

PRENEZ
VOS EMPREINTES !

Avec un tube d'encre d'imprimerie à base d'eau, un rouleau en caoutchouc, un miroir et des feuilles de papier blanc, prenez l'empreinte de vos mains ainsi :

1. Étendez sur le miroir l'encre nécessaire pour la prise de l'empreinte ;

2. Encrez le rouleau ;

3. Passez-le délicatement sur la face palmaire de la main, préalablement lavée et essuyée, du poignet à l'extrémité des doigts ;

4. Posez, sans crispation, la main encrée sur la feuille blanche et appuyez fermement sur toute la face dorsale avec l'autre main afin d'assurer une parfaite adhérence ;

5. Retirez délicatement votre main de la feuille : vous obtenez une empreinte très nette.

L'EMPREINTE DE VOTRE MAIN GAUCHE

L'EMPREINTE DE VOTRE MAIN DROITE

A LA DÉCOUVERTE
DE VOTRE MAIN

L'énergie vitale anime la main, du poignet à l'extrémité des doigts.

Le message de la main humaine est multiple : elle souligne l'appartenance à l'espèce, à l'ethnie et au sexe ; individualise et fait de chacun de nous un être unique ; s'affirme très révélatrice dans les transmissions héréditaires ; confirme dès la vie fœtale les maladies génétiques et possède une valeur diagnostique dans la prévention médicale en révélant avec précision l'état de santé.

La main est formée d'une paume et de cinq doigts (le pouce étant opposable aux autres doigts), d'une face dorsale avec des ongles sur le dos des phalanges distales, et d'une face palmaire caractérisée par un réseau de sillons et la présence de signes. Elle est capable d'une variété infinie de mouvements et de gestes, dont certains, comme la succion du pouce, remontent à la vie fœtale.

Chaque main est unique par ses éléments et leur unité.

Les mains du fœtus ont une vie très riche ; elles se forment en même temps, coordonnées, mais elles sont plus ou moins dissemblables dans leur structure.

A la septième semaine de la vie intra-utérine, la main est sensible au toucher. Au troisième mois, le pouce et l'index s'opposent. A quatre mois, les mains sont formées. A cinq mois et demi s'établit le premier contact entre la bouche et le pouce. Au début du sixième mois, les mouvements se font manifestes.

Les minuscules sillons qui tapissent toute la face interne de la main apparaissent dès le troisième mois chez le fœtus : ces crêtes épidermiques sont en relation avec les chromosomes et révèlent, notamment, l'unicité de chaque être humain. Ils sont uniques à chaque main, et immuables dès qu'ils sont achevés. Des variations existent selon le groupe ethnique, le sexe, la main gauche et la main droite ; même chez les vrais jumeaux, quoique très proches, ils sont dissemblables ! A cette époque, leur simple « lecture » permet de détecter des maladies génétiques.

Les sillons disposés, nous assistons à la naissance des signes. Ceux-ci peuvent subir tout au long de notre vie des changements qui, le plus souvent, n'altèrent que secondairement leur tracé.

Ainsi, dès la conception de l'être, chaque main a son art et une évolution propre à chaque vie.

L'origine des signes est complexe. Ce ne sont ni des simples plis de flexion ni des lignes tracées d'un point à un autre. Présents dans la paume du nouveau-né, ils ont été pendant les mois antérieurs et sont, dès sa naissance, maturés et renforcés dans leur disposition par des stimulations et des impulsions provenant du corps entier avec lequel ils sont en liaison.

Les signes expriment la vie et ce que l'organisme vivant perçoit. Depuis toujours gravés dans la main, ils sont liés au mystère de la vie et, de ce fait, semblent étranges à la connaissance humaine.

Les mains permettent d'explorer la sphère érotique, la vie psychique, l'univers intérieur, la zone obscure et la complexité de chaque être, de découvrir un moment de l'existence où l'on est sensibilisé par la manifestation soudaine de pulsions, d'actes, d'un climat passionnel et de faits extérieurs.

La main et ses signes expriment comment chacun de nous tend à être, et l'impact d'un événement dont dépend très souvent toute une vie.

La main est le miroir de l'être : elle a ses variations à l'image de notre degré d'évolution et des métamorphoses de l'âme humaine. L'ampleur et l'intensité de ces changements sont liés à la conjonction des influences extérieures ressenties et de la force de notre moi agissant.

La main dévoile, à tout instant, l'énergie de vie animant l'être, notre vie et nos prédispositions, les forces du destin, le milieu dans lequel on est né et où l'on vit, les grandes crises de l'être et les périodes marquantes de notre vie, l'amour, l'activité organique, la maladie et la mort.

Ainsi, il est possible de détecter les événements passés, présents et à venir ; et, au moment où nous les vivons, les indices de la main s'accentuent.

La main humaine est en relation étroite avec le cerveau : il existe une variation plus ou moins sensible entre les deux mains, chez le droitier comme chez le gaucher.

Main gauche et *main droite* ne sont en réalité qu'une, informant sur l'ascendance, le degré de multiplicité et de complexité de l'être. Ainsi, une dissemblance des deux mains peut souligner l'ambivalence, la dualité, un courant de tendances opposées formant la personnalité ou encore une cause héréditaire (différence plus ou moins grande des parents, variété de la généalogie, etc.). Deux mains peuvent être très dissemblables et harmonieuses en formant une unité, de même que deux mains proches se révéleront peut-être inharmonieuses et confirmeront un conflit ou une tendance morbide.

L'*unité de la main* est formée des relations entre ses différents éléments et démontre l'harmonie et l'équilibre de la personnalité, son épanouissement comme ses conflits.

La *constitution* renseigne sur la nature de l'être et ses tendances fondamentales, sa puissance vitale, son degré d'évolution, son milieu familial, social et culturel, sa présentation, son esthétique, ses activités et son expression.

La *forme* est le fond de l'interprétation et l'élément qui nuance chaque caractéristique et la particularise en lui donnant sa vraie dimension. La forme de la paume peut accentuer, par exemple, le degré de féminité ou de virilité de l'être. Elle est significative dans la pathologie et surtout dans les affections psychiques.

La *longueur,* la *largeur* et la *surface* précisent les tendances générales de la personnalité et leur champ d'action.

Le *degré d'humidité,* la *température,* la *couleur* montrent les réactions du sujet, l'influx magnétique, la réponse aux stimuli perçus, certains facteurs physiologiques et les troubles de la santé.

Le *contact* et la *poignée de main* traduisent l'élan vital, le magnétisme, la vigueur, la tendance active et dynamique, ou passive et réceptive, l'état général tel qu'il est au moment présent.

Les *gestes* révèlent et trahissent la personne dans ses profondeurs et manifestent des informations conscientes et inconscientes, des états passagers et durables et certains traits cachés et inavoués. Ils sont la parole de l'âme et de l'être intérieur, un de ses moyens d'expression dans la réalité quotidienne.

La *paume* est la partie cachée de la main ; elle représente l'instinct, l'inconscient, l'énergie de vie, le contact avec les forces élémentaires de la vie, la projection de l'être vers l'intérieur ou l'extérieur. Sa moitié inférieure est le champ des impulsions naturelles et de la zone obscure et profonde de l'être, alors que sa moitié supérieure dévoile la vie subconsciente.

La *région proximale* montre les forces du destin et leur permanence, les facultés mystérieuses, invisibles et naturelles, les liens familiaux; c'est là que tout naît et se forme (la vie prénatale), mais aussi que tout se désagrège et meurt.

L'*éminence thénar* souligne le souffle vital, la force génératrice, la sphère dynamique, active et physique, le potentiel vital, le champ sexuel, la vie des sens, les sensations éprouvées physiquement, les dispositions créatrices, les influences, la naissance des événements.

L'*éminence hypothénar* est en rapport avec la sphère imaginative, réceptive et passive, l'imaginaire, les rêves, la vie onirique, la mémoire, le spleen, l'angoisse, les paradis artificiels, l'espace, les voyages, les forces extérieures, l'étranger, la sensibilité aux forces naturelles.

La *région centrale* est le sésame du destin et des événements propres à chaque vie humaine, leur permanence, l'évolution de l'être dans son milieu.

La *région distale* désigne les fonctions de relation, l'activité nerveuse, les passions, la vie subliminale, le monde de la sensibilité, des émotions et de l'affectivité.

L'abondance des terminaisons nerveuses sur le bout des doigts montre la richesse de notre monde sensible et de l'activité cérébrale : c'est avec les doigts que l'on prend contact avec le monde extérieur et que l'on reçoit les multiples informations du milieu perçues par le toucher et la préhension. Les *doigts* traduisent la sphère psychique, la vie mentale, le conscient, l'exploration intérieure ou extérieure de l'être, son ouverture au monde, ses contacts avec l'extérieur, ses comportements, ses dispositions actives et ses réalisations. Et chaque doigt a sa particularité :

Le *pouce* : le moi, l'être et ses possibilités, la personnalité physique, la force et la capacité d'action, le degré de maîtrise de soi, d'équilibre et de créativité, la valeur biologique, la vitalité, la résistance.

L'*index* : l'expression consciente du moi dans le monde extérieur, de l'ambition et des désirs instinctifs.

Le *médius* : l'expression du moi secret et intime, la vie intérieure, les métamorphoses, la fatalité.

L'*annulaire* : l'expression sensible, affective, passionnelle et idéale du moi, les dispositions artistiques et esthétiques.

L'*auriculaire* : l'expression cérébrale, nerveuse, réceptive et intuitive du moi.

Les *phalanges proximales* : les tendances instinctives et les impulsions naturelles.

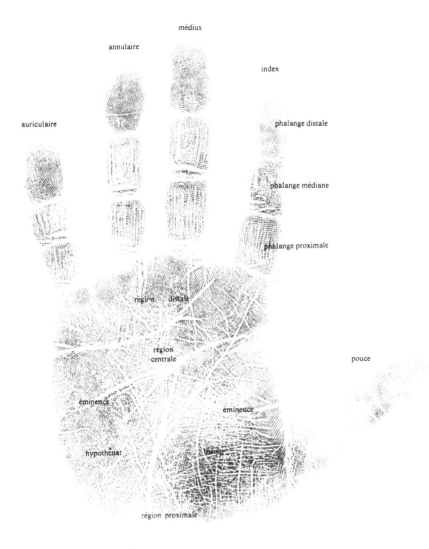

médius
annulaire
index
auriculaire
phalange distale
phalange médiane
phalange proximale
région distale
région centrale
pouce
éminence
éminence
hypothénar
thénar
région proximale

La paume et les doigts

Les *phalanges médianes* : les fonctions de relation, les perceptions subconscientes.

Les *phalanges distales* : l'activité et la sensibilité cérébrales et mentales, les impressions sensibles, qualitatives et idéales.

Les *ongles* : les dispositions générales, la vitalité et l'état de santé.

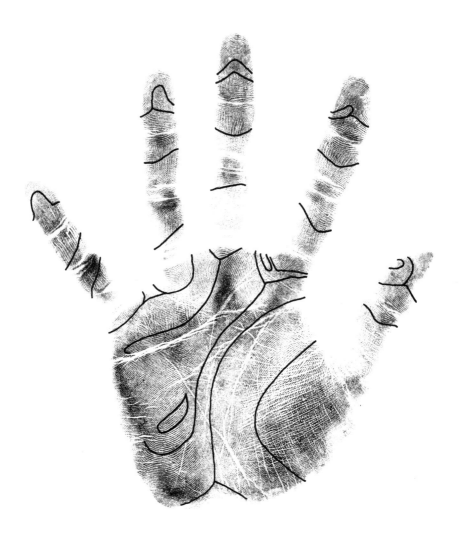

Les sillons palmaires et digitaux

Les *bagues* mettent en évidence les propriétés de chaque doigt, l'esthétique et le symbolisme sexuel (le doigt représentant l'organe sexuel masculin et l'anneau l'organe sexuel féminin, la bague n'étant mise à aucun autre doigt que celui du conjoint, c'est le vœu de fidélité sexuelle). Le fait de porter la bague à tel doigt, d'en avoir plusieurs ou encore le jeu de l'anneau changeant de doigt est très révélateur des désirs inconscients affectivo-sexuels.

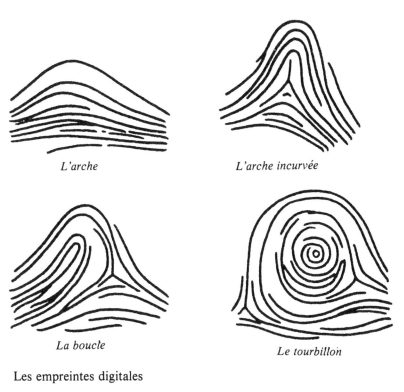

L'arche

L'arche incurvée

La boucle

Le tourbillon

Les empreintes digitales

Les *sillons*, en plus de leur message génétique, héréditaire, physiologique et pathologique, particularisent chaque région de la paume et chaque phalange des doigts, participent à l'unicité de chaque être et à ce qui manifeste son individualité.

Les *sillons palmaires* sont en relation avec le monde des facultés sensorielles, les sensations et les vibrations, les prédispositions (créatrices, musicales, etc.), la sensibilité profonde et personnelle à la nature et à ses éléments, les pouvoirs cachés et inexplorés, les phénomènes et les comportements étranges et troublants échappant à notre connaissance objective.

Les *sillons digitaux* désignent les labyrinthes du moi. L'*arche* freine et bloque les énergies, est un indice de fixité, de fragilité, de force. L'*arche incurvée* donne une dimension, une souplesse et une conception originale. La *boucle* libère les forces, facteur d'ouverture, d'équilibre et d'évolution. Le *tourbillon* concentre les énergies en un point profond de l'être, indice de sensibilité, d'intensité et d'originalité.

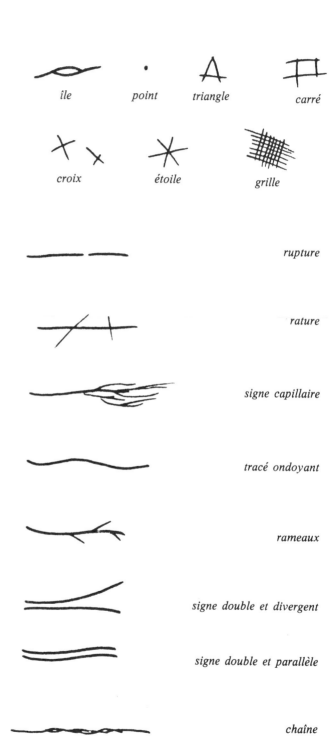

île   *point*   *triangle*   *carré*

croix   *étoile*   *grille*

rupture

rature

signe capillaire

tracé ondoyant

rameaux

signe double et divergent

signe double et parallèle

chaîne

Avec les *signes*, nous avons une connaissance immédiate de l'être et de sa vie ainsi qu'une préconnaissance des événements.

L'interprétation d'un signe et son action harmonieuse ou dissonante varient selon la main où il se trouve, le champ de son action, sa disposition, son tracé et sa texture, ses relations avec les éléments et l'unité de la main gauche et de la main droite.

De même, un signe de la main peut révéler un facteur morphologique, physiologique, pathologique, psychologique, voire annoncer un événement précis.

Les petits signes magiques formant des figures symboliques ont une importance réelle et concrète ; certains sont rares (triangle, rectangle, cercle, etc.), d'autres plus fréquents (île, point, croix, carré, etc.) ; tous caractérisent les fantasmagories, les superstitions et les croyances, les facultés mystérieuses et ignorées, certains états idéaux et mystiques personnels, également les événements perturbateurs, accidentels et favorables.

Tous ces signes peuvent avoir un effet positif ou négatif, plus ou moins sensible, et des significations diverses. Le *point* perturbe ; l'*étoile* désigne un événement soudain et radical, de nature imprévisible ; la *croix* agit intensément ; l'*île* trouble et annonce une période sensible, des pouvoirs insolites, des symptômes étranges ; la *grille* bloque, inhibe, refoule ; le *triangle* souligne l'accomplissement idéal d'un don et d'une qualité ; le *carré* préserve et favorise puissamment les énergies et les facultés intuitives et créatrices, indice de protection, atténue toutes les altérations graves des signes et des sillons.

La *longueur* d'un signe intensifie l'activité d'un organe, une fonction et une qualité ; la *finesse* augmente la concentration des énergies, le rythme rapide, la force, tandis que la *largeur* les diminue et tend à la dispersion ; la *profondeur* indique l'intensité, la résistance, la durée et la *superficialité* l'aspect instable et précaire, fugitif et illusoire.

La *rupture* d'un signe désagrège, désorganise et perturbe les propriétés ; la *rature* entrave et suspend momentanément, heurte ; la *fourche* signifie subtilité, diversité et affine les facultés ; les *signes capillaires* désignent l'épuisement, la faiblesse, la perte d'intensité ; la *chaîne* trouble et affaiblit ; le *tracé ondoyant* montre l'instabilité, l'oscillation entre des tendances diverses ; les *rameaux* épanouissent et harmonisent les qualités, s'ils sont bien tracés ; un *signe double et parallèle* renforce les dispositions et protège, compense les éventuels accidents et défaillances ; un *signe double et divergent* disperse passagèrement et enlève ses effets ; les *signes ascendants et descendants* précisent et confirment favorablement ou non les tendances fondamentales.

Chaque signe a ses propres fonctions :

Le *signe de vie* (1) : le corps, l'aventure terrestre individuelle de la naissance à la mort et les événements, les changements et les périodes sensibles de la vie s'y attachant, la vitalité, la puissance biologique.

Le *signe de cerveau* (2) : le cerveau, la vie mentale, l'âme, la mémoire, la cérébralité, les facultés mentales.

Le *signe de cœur* (3) : le cœur, la vie sensible, émotionnelle et affective.

Le *signe axial* (4) : la conjonction des forces du destin et de l'être, la sensibilité au milieu et aux influences extérieures à la volonté, le degré de déterminisme individuel et de libre arbitre, la force du moi agissant, la continuité d'existence favorable ou non.

Chaque main a son cryptogramme de signes ; en plus des signes de vie, de cerveau et de cœur présents dans chaque main humaine, le signe axial variant, on en lit encore une variété particularisant le champ palmaire et digital où ils sont gravés.

Ce sont des traces d'influences, de vitalité, de sensibilité, de perception, de réceptivité, d'originalité, de voyages, d'événements heureux et malheureux, de périodes sensibles, intenses et évolutives, etc.

Chaque signe est une « respiration » et vibre constamment ; certains apparaissent, disparaissent et changent tout au long de la vie.

Les *signes d'influences* caractérisent les possibilités de l'être et sont des facteurs d'activité organique, de vitalité, de fécondité, d'équilibre, de puissance biologique, de facultés créatrices favorisées, etc. (5, 6, 7, 8, 9, 10).

Ils particularisent la vie affectivo-sexuelle et les liaisons amoureuses (11).

Ils accentuent les dispositions générales harmonieuses et inharmonieuses de la personnalité révélées par la main, le degré de sublimation des instincts et de sensibilité érotique, imaginative, créatrice, artistique, nerveuse, etc. (12).

Ils marquent la variété des influences et des grands ou petits événements agitant et changeant le cours de notre existence (13).

Ils favorisent l'harmonie intime et la sensibilité intérieure, la tonalité affective, l'accomplissement d'un don et d'un idéal, une réussite (14).

Ils manifestent la sensilité organique, cérébrale et nerveuse, la

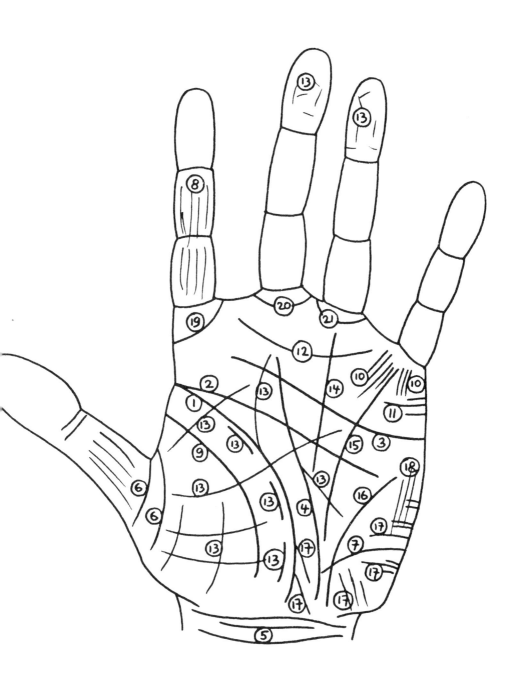

Les signes de la main

santé physique et mentale, la finesse et la force perceptive et réceptive, le monde sensoriel, et ils intensifient les facultés intuitives et l'expression profonde et originale et leurs phénomènes et pouvoirs troublants et insolites (15,16).

Ils stimulent le besoin vital de bouger, de mouvement, de mobilité,
de changement et d'évasion physique et imaginaire, le monde mental
et ses manifestations (spleen, angoisse, paradis artificiels, agitation
mentale, plasticité psychique) ainsi que les voyages terrestres, maritimes et aériens (17).

Ils soulignent la zone obscure de l'être, l'aspect mystique, la
sagesse et la faculté de se transcender (18).

Ils distinguent certains traits du moi décelés dans la paume et les
doigts concernés (19, 20, 21).

Ces signes, par leur disposition (propre à chaque main), leur tracé
(rarement intégral et souvent en plusieurs tronçons) et leur texture
peuvent être dominants sur les signes de vie, de cerveau et de cœur.

COMMENT
INTERPRÉTER ?

Chaque main a son art et une interprétation faisant corps avec l'être et sa vie.

La connaissance profonde de la main avec le don et l'intuition sont la clé de l'interprétation.

L'observation de la main demande sa lecture à l'œil nu, sa palpation et l'étude de son empreinte palmaire et digitale ; trois éléments qu'il faut associer, confronter et nuancer.

Palpez-la donc : est-elle chaude ou froide, humide ou sèche, dure ou molle, souple ou raide, musclée, charnue ou osseuse ? Ses phalanges distales se retournent-elles ?

Lisez-la et voyez le relief de la paume, la couleur des signes et leur profondeur, l'écartement des doigts et les gestes qu'elle fait.

Avec l'empreinte, vous pouvez mesurer la longueur de la main, de sa paume et de ses doigts, sa largeur et, en outre, vous avez sous les yeux les sillons et les signes d'une grande clarté ; suivez leur tracé et la figure d'ensemble qu'ils dessinent.

Vous vous demandez maintenant comment interpréter tout cela. Voici quelques conseils qui feront très rapidement de vous un lecteur intuitif, observateur et fasciné de la main.

1. La main gauche et la main droite sont-elles dissemblables ou plus ou moins proches ?

2. Par quelles caractéristiques celle que vous étudiez se différencie-t-elle ?

3. Comparez les deux mains avec celles de la parenté.

4. Observez :

• l'unité de la main, sa constitution (musclée, charnue, fine), sa forme, sa longueur, sa largeur, son degré d'humidité, (humide, sèche),

sa température (chaude, froide), sa couleur, sa flexibilité (souple, raide), ses gestes et la poignée de main ;
• la paume et ses régions ;
• les doigts et leurs phalanges ;
• les sillons composés sur la paume et les doigts, leur texture ;
• la disposition, le tracé et la texture des signes.

5. Lorsque vous avez pris l'empreinte des mains de quelqu'un et que vous les avez approfondies, conversez avec lui et vérifiez par la pratique ce que vous avez découvert ; vous en retirerez un enrichissement, tout en avançant à grands pas dans votre art.

Ayez toujours votre intuition en éveil et n'oubliez pas que les traits les plus courants (une main allongée et étroite, la paume large, les doigts très longs, des signes nombreux) sont les plus expressifs et forment le fond de l'interprétation.

Et, maintenant, exercez-vous avec vos propres mains, celles de vos proches et de tous ceux qui, en vous les montrant, vont vous faire découvrir et partager leur univers et leurs secrets !

MAIN GAUCHE ET MAIN DROITE

Lorsque vous ouvrez votre main gauche, vous y voyez ce qui vous a été donné et les impressions perçues et accumulées lors de votre enfance. La main gauche est liée à l'enfance.

Votre main droite révèle ce que vous faites, ce que vous êtes présentement et votre devenir avec votre moi agissant. Votre main droite reflète votre force d'action et vos réalisations.

Si la main gauche propose un destin, la main droite le confirme et lui donne une vie. Main gauche réceptive et main droite active : les deux mains sont unies.

Dans la main gauche, vous voyez les signes les plus expressifs des dons et du destin que vous tendez à vivre ; dans la main droite, vous lisez le degré de votre pouvoir d'action, votre volonté et vos actes.

La main gauche que vous observez ci-contre dévoile une destinée expressive.

1. Éminence hypothénar : le degré d'influence de l'étranger ;
2. Avec plusieurs signes : possibilité de grands voyages ;

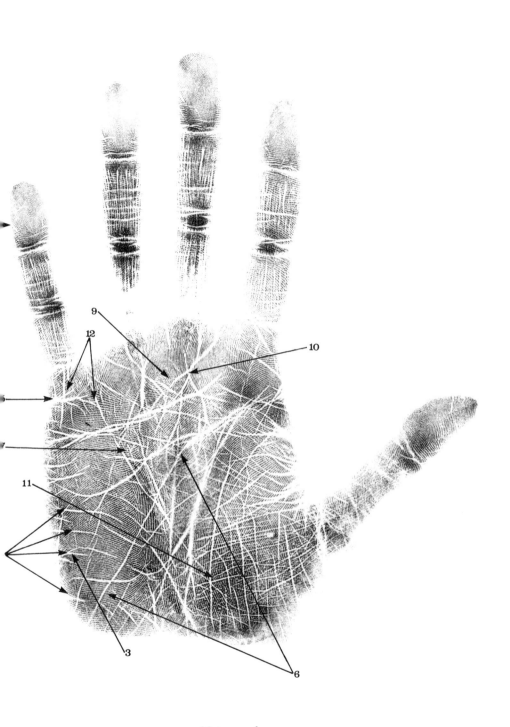

Main gauche

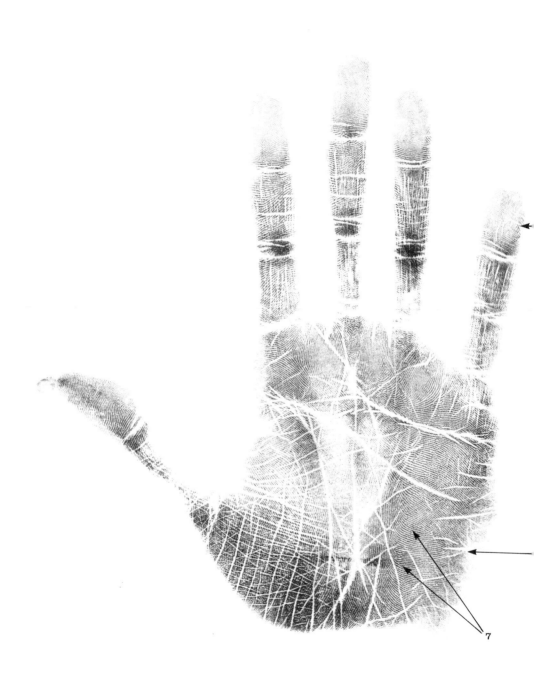

7

Main droite

3. Étoile sur l'hypothénar : indice de grands événements, positifs et négatifs, soudains en relation avec l'étranger et les voyages :

4. Signes nombreux : réceptivité et grande sensibilité ;

5. Signe de liaison avec petits rameaux : possibilité d'une vie amoureuse mouvementée ;

6. Signe de cerveau plongeant dans la région proximale après avoir traversé tout l'hypothénar : degré d'action des événements et des influences sur l'équilibre psychique.

Toutes ces caractéristiques vont-elles être réalisées et vécues pleinement ?

Pour cela, il faut que la main le confirme. C'est elle qui décide. Ce qu'elle fait, dans ce cas, clairement.

La main droite est plus ferme, active et dynamique. Les signes sont moins nombreux et plus profonds ; ceux des voyages sont gravés sur le tranchant et celui de cerveau est droit (avec la longueur égale de l'index et de l'annulaire : équilibre). Les doigts sont harmonieux. Le pouce est long et bien formé : il maîtrise et stimule à la fois les qualités énoncées.

7. Main gauche, signe d'intuition remarquable, et main droite, double boucle sur l'hypothénar : réceptivité aux éléments naturels et grand attrait pour les phénomènes inexplicables.

8. Auriculaire bien formé : équilibre psychique, expression aisée. Signe érotique (9) ouvert sous le médius et touchant la croix mystique (10) : érotisme et mysticisme liés, sublimation. Étoile sur l'éminence thénar (11) et long signe d'attachement (12) avec des petits rameaux (dont l'un est ascendant et l'autre se confond avec le signe d'intuition) : grande rencontre amoureuse avec un être fasciné par le mystère et les pouvoirs secrets ; la rencontre est soudaine et insolite.

Il y a également une étoile (13) sur l'éminence hypothénar de la main droite.

VOTRE MAIN EST-ELLE...

... terrienne ?

La main terrienne est puissante et naturelle ; sa paume est développée et ses signes sont peu nombreux, profonds et assez larges.

Avec une main terrienne, vous êtes instinctif, vigoureux, équilibré, secret, rusé, plein de bon sens, lié magiquement à la nature, traditionnel, présent, stable et animé d'une force et d'une sensibilité évidente.

... dynamique ?

La main dynamique se caractérise par une paume musclée et des doigts osseux, sa fermeté, sa longueur et ses signes légèrement larges et profonds au tracé varié et original.

Vous êtes énergique ; l'action et le mouvement dominent. Deux pôles forment votre personnalité : une activité physique, dynamique et sportive et une vie intérieure secrète, un moi profond et une grande imagination.

... charnue ?

La main charnue est consistante et large ; la paume est résistante, les doigts sont lisses et plutôt épais, les signes ont un tracé naturel et harmonieux.

Vous êtes extraverti, épicurien, sensuel, sociable, de contact aisé, ambitieux, protecteur, porté vers l'objectivité et un monde concret, animé du goût du pouvoir ; vos émotions sont profondes et durables. Goût du luxe et du confort, sens esthétique.

... fine ?

La main fine est délicate, élégante et d'une grande souplesse ; les doigts sont minces et flexibles, les signes nombreux ont une texture fine.

Vous vibrez à vos stimuli imaginatifs, émotionnels et à votre vie intérieure. Vous êtes sensible, réceptif, psychique, vif, souple, intuitif, artiste et sentimental. Sensitif vivant de votre énergie psychique et de votre sens créateur, vous êtes porté vers l'abstraction et l'idéal.

La main terrienne
d'un cultivateur

1. Signe îlé d'influence amoureuse gravé de l'éminence thénar à la base du médius : conception originale de l'amour, déception sentimentale.

2. Main terrienne (équilibre, flair et bon sens naturel), signe de cerveau en fourche (dans la main droite, il remonte vers l'auriculaire) : entregent, tact et diplomatie, finesse psychologique, patience, sens des affaires, réussite matérielle due au mérite personnel.

3. Petite île sur le signe de vie : troubles chroniques lors de l'adolescence, maladie causant les plus vives inquiétudes mais sans suite grave (carré de protection).

4. Signe de cerveau doublé sous l'axe de l'annulaire, signe d'attachement affectif descendant : liaisons amoureuses et sentimentales troublant passagèrement mais intensément la personnalité. Expression du désespoir dans l'amour.

La main terrienne
d'un paysan

1. Pouce long et fort, très écarté dans la main gauche : farouche indépendance (paysanne), individualité, vigueur.

2. Signe de cerveau lié au signe de vie : timidité et expression de l'être momentanément bloquée dans l'adolescence par le milieu familial.

3. Signe de cerveau profond et long : vision, clarté d'esprit, unité de pensée, maîtrise des émotions, facultés mentales saines et équilibrées.

4. Signe de cœur long, tourbillon à l'annulaire : sentiments ardents et sensibilité vive mais maîtrisée (signe de cerveau long).

5. Trois signes de don dans les deux mains sous l'annulaire : possibilités brillantes, vertu morale.

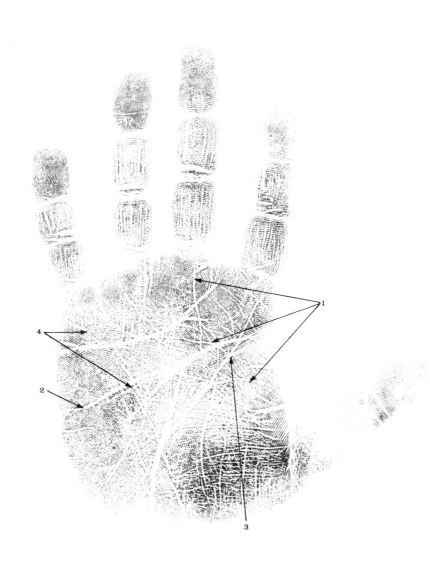

Main terrienne d'un cultivateur

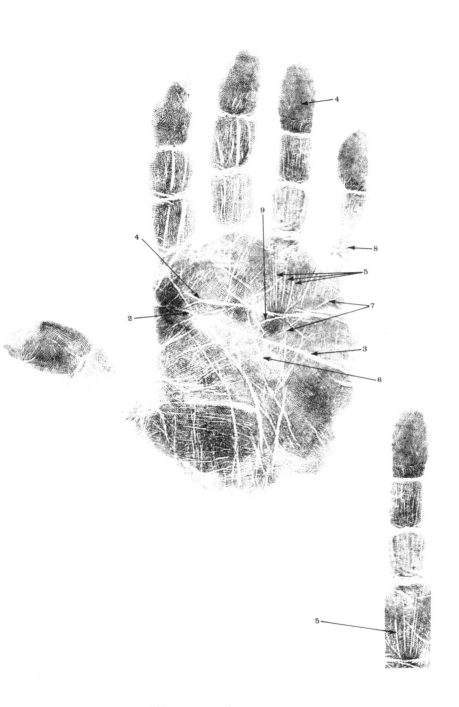

Main terrienne d'un paysan

6. Signe d'influence îlé se fondant dans le signe axial : rencontre amoureuse (vingt-quatre ans) et mariage, transformation profonde de l'existence.

7. Signe d'influence érotique descendant dans la paume : attraction amoureuse envoûtante exercée sur l'être.

8. Phalange racine de l'auriculaire courte : impulsivité.

9. Signe de cœur avec rameaux descendants et rupture : troubles cardiaques.

La main charnue
d'un avocat

1. Signes dans la paume ascendants vers l'auriculaire et l'annulaire (les propriétés de ces deux doigts sont renforcées) : sensibilité profonde et intérieure en l'être.

2. Phalange proximale du médius longue et phalange distale de l'auriculaire courte : don d'observation pénétrante et sens de la répartie.

3. Pouce long et écarté, éminence thénar large avec carrés, signe de sensibilité sous le médius et l'annulaire, signe de vie profond : force du moi, individualisme, grande énergie vitale, sens des couleurs, sensibilité créatrice (soulignée par le signe axial doublé sur hypothénar).

4. Signe de cœur en trident et disposé bas dans la région distale : vie du cœur riche, être passionné.

5. Main en général, signe axial long et expressif, grand carré cloisonné sous l'index : réussite (matérielle et sociale) brillante.

6. L'éminence hypothénar développée avec un tourbillon distingue l'imagination puissante et colorée, la disposition créatrice et la grande originalité émanant de la personnalité.

La main charnue
d'un réalisateur
de radio et de télévision

1. Courbe harmonieuse du signe de vie large : grande énergie vitale, nature artiste, sensuelle, passionnée et vibrante.

2. Angle inférieur de l'éminence thénar prononcé : activité, puissance de travail, sens du rythme.

3. Forme de la paume, doigts minces et harmonieux, nombreux signes d'influences amoureuses sur thénar et sous l'auriculaire : tendance féminine en l'être, sensibilité créatrice, sensualisme d'idées, liaisons multiples.

4. Signe de vie en fourche avec une branche profondément gravée dans la région proximale : grand changement dans l'existence, l'être vivant loin de son pays natal pendant plusieurs années.

5. Petit signe s'élevant du signe de cerveau : les attachements amoureux troublent fortement le moi.

6. Signes de voyages sur l'hypothénar : besoin vital de mouvement, grands voyages.

7. Signe axial îlé se dirigeant vers l'annulaire : événements extérieurs inattendus, dans lesquels il canalise ses forces, favorables à l'évolution de l'être et à une réussite notoire ; contact avec le monde artistique.

8. Pouce long avec phalange distale bien formée, hypothénar calme, main chaude et souple à la palpation : harmonie, chaleur, communicativité, santé vitale.

9. Signe d'érotisme.

La main dynamique
d'un pédagogue

1. Boucle originale sur l'hypothénar, main dynamique : imagination active, besoin vital de mouvement et de s'extérioriser au grand air, sous des latitudes lointaines et au contact des forces naturelles, perception musicale.

2. Pouce impulsif, signe de cerveau clair et profond, signe de vie gravé haut sous l'index *(self-control)*, éminence thénar musclée : puissance vitale, projection de l'être vers l'extérieur, force mentale et équilibre, degré de maîtrise des passions et des émotions.

3. Signes de vie et de cerveau soudés sur un long tracé : timidité, l'enfance et l'adolescence sont une période sensible marquée par un retrait du moi, son intériorisation et l'influence exercée par le milieu familial.

4. Médius penché vers l'annulaire, signe érotique profond et ouvert à leur base : nature artiste, volupté, réceptivité délicate et nuancée des sons, des couleurs et des formes, influençabilité.

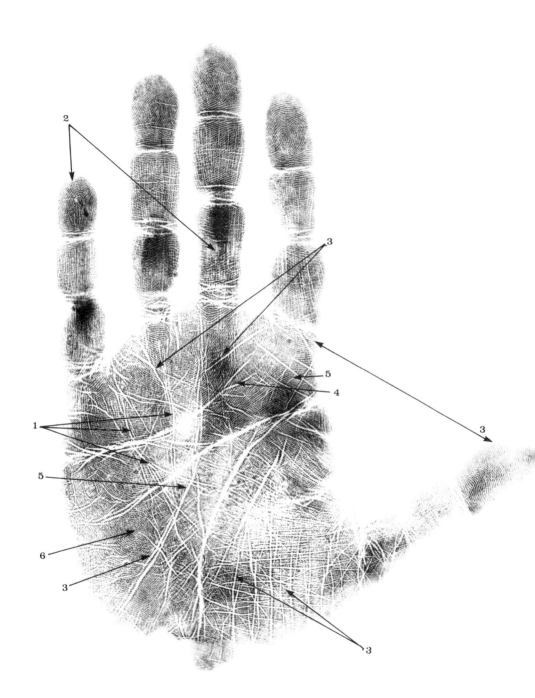

Main charnue d'un avocat

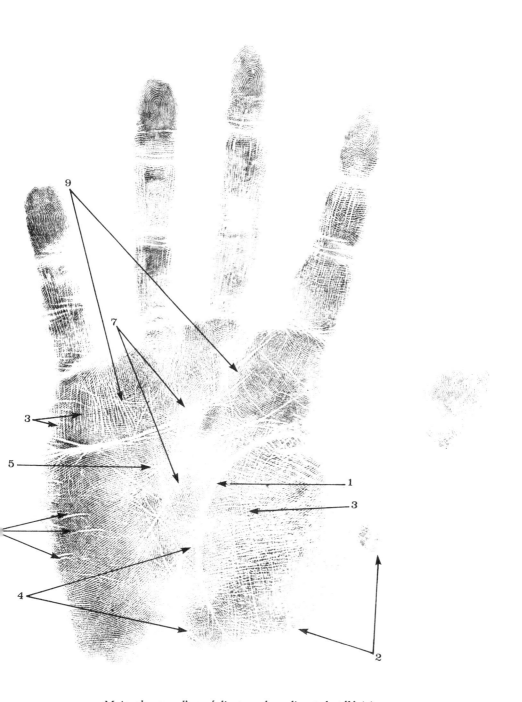

Main charnue d'un réalisateur de radio et de télévision

5. Rare signe îlé sur thénar et signe d'influence sentimentale long sous l'auriculaire : attraction affective idéale, envoûtante et hors du commun, exigence sentimentale.

6. Signe de cœur long et tourbillon à l'annulaire : affectivité sensible et exclusive.

7. Signe de vie avec des grandes îles dans la région proximale, signe axial en forme îlée vers l'annulaire : être secret, aventure terrestre marquée du sceau de l'originalité, d'influences et de forces extérieures agissant favorablement sur le cours de la destinée.

La main dynamique
d'un directeur commercial

1. L'empreinte digitale est l'arche (que l'on retrouve rarement comme ici sur tous les doigts).

2. Fusion des signes de cerveau et de cœur en un signe unique.

Ces deux indices sont dominants et nuancent l'interprétation aussi bien positivement que négativement.

Ils révèlent :
• une maturité évidente ;
• une concentration des énergies mentales et émotionnelles ;
• un haut degré de réceptivité et de sensibilité ;
• une accentuation des qualités sensibles, affectives et sensuelles de l'être ;
• de réelles possibilités sortant de l'ordinaire.

La main fine d'une artiste

1. Signe axial inscrit à la base de thénar et dans la région proximale : influence de l'étranger, l'être vit loin de son pays natal, aspect de mobilité physique et psychique et de voyages.

2. Signe de vie perturbé sous l'axe de l'index, surtout dans la main gauche (l'enfance) : troubles nerveux dans l'enfance.

3. Pouce long et souple : grande personnalité adaptable et souple.

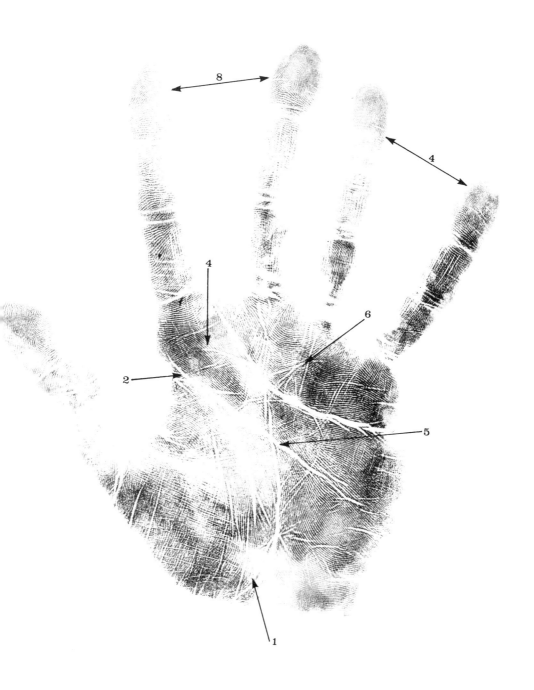

Main fine d'une artiste

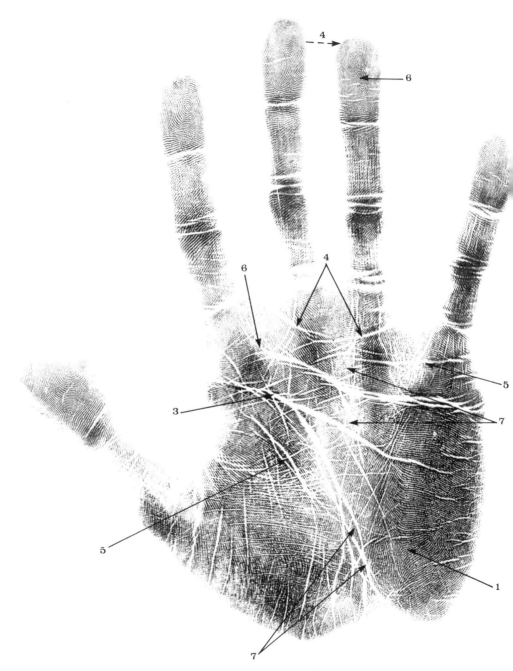

Main dynamique d'un pédagogue

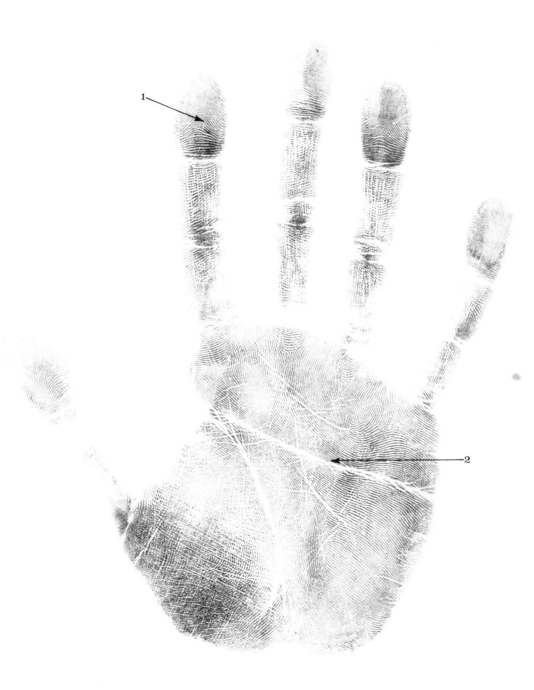

Main dynamique d'un directeur commercial

4. Signe de cœur très long, auriculaire long, fin et écarté : sensibilité excessive, mobilité dans les sentiments, fort besoin d'indépendance, nature secrète et complexité affective.

5. Signe de cerveau gravé bas dans la paume : intelligence profonde et vive curiosité (doigts minces et souples).

6. Signe d'art sous l'annulaire, médius penché vers l'annulaire : personnalité naturellement artiste, faculté créatrice favorisée.

7. Triangle sous l'annulaire, dans la main gauche : réussite et renommée de son art. Don pictural.

8. Index très écarté : indépendance d'esprit et originalité du moi social.

La main fine
d'une esthéticienne

1. Signe psychique incurvé dans la région proximale : imagination teintée d'exaltation et de mélancolie, psychisme sujet à variations.

2. Éminence hypothénar allongée et molle avec boucle et signe de voyage îlé (événement insolite lors d'un voyage à l'étranger, cause secrète et affective provoquant ce voyage) : richesse de la vie intérieure, des rêves et de la sphère imaginaire, fort désir d'évasion, perception musicale, main réceptive.

3. Annulaire harmonieux : sens de la beauté, élégance.

4. Tracé du signe de cœur avec île sous le préjoint annulaire-auriculaire : affection cardiaque congénitale.

5. Éminence thénar charnue : sensualité.

MAIN LONGUE ET MAIN COURTE

La longueur de votre main se mesure, toujours sur l'empreinte, de la base de la paume à l'extrémité du médius. La main longue de l'homme doit dépasser de 180 à 185 mm, et celle de la femme atteindre de 170 à 175 mm ; en dessous de cette dimension, la main est courte.

Avec une main longue, votre sphère d'action est grande ; vous avez un grand attrait pour les choses d'envergure et vos actions sont pleines de promesses.

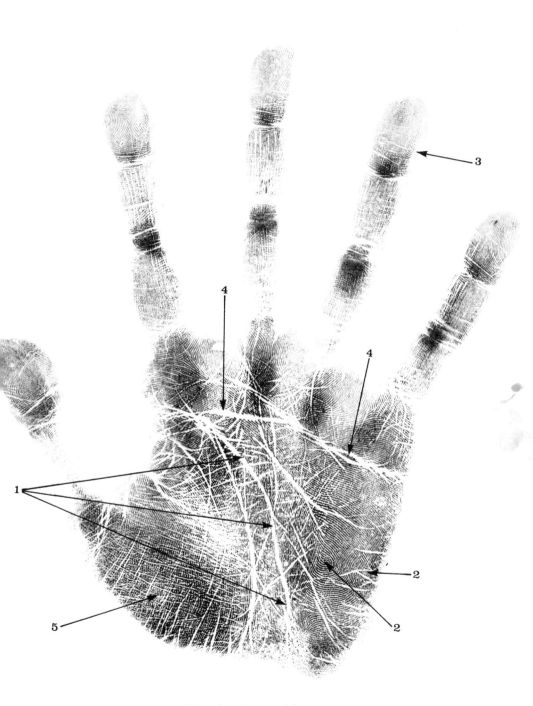

Main fine d'une esthéticienne

Main longue : observation, profondeur, analyse, réflexion, persévérance.

Si votre main est courte, vous vous distinguez par un besoin vital d'agir et d'exécuter. Ce qui prime chez vous, c'est ce que vous éprouvez dans l'immédiat.

Main courte : impulsion, synthèse, coup d'œil, rapidité, vivacité.

La main longue d'un médecin

1. Unité de la main gauche et de la main droite : équilibre et harmonie.

2. Surface grande de la main : dimension des activités.

3. Doigts attirés par l'index écarté : positivisme.

4. Longues phalanges médianes : richesse des perceptions, mémoire des faits, faculté de conception, déduction.

5. Longue phalange proximale du médius : vie intérieure riche, sensibilité aux liens familiaux.

6. Médius long, signe de cerveau en fourche : sens de la recherche et de l'expérimental, importance de l'univers intérieur et qualité d'exploration des métamorphoses de l'âme humaine.

7. Index long et écarté : autorité, ascendant sur autrui, sens critique, non-conformisme.

8. Annulaire esthétique et droit : sens du beau, esprit noble.

9. Annulaire, phalange médiane longue et phalange distale courte : active et efficace réalisation des idées, sens du diagnostic.

10. Constitution musclée et active de la main, pouce long : vigoureuse force directrice, puissance de travail.

11. Phalanges distales du pouce et de l'auriculaire charnues, signes verticaux dans les phalanges, éminence thénar ample : magnétisme vital, résistance et grande valeur biologique.

12. Signe de cerveau profond et long : clarté d'esprit, profondeur psychique, synthèse, mémoire, les facultés psychiques sont favorisées.

13. Auriculaire bien formé : santé mentale.

14. Signe de perception sur hypothénar, grande croix : vive attirance pour les phénomènes naturels et mystérieux, réceptivité sensorielle.

15. Signe d'harmonie sous l'annulaire : satisfaction intérieure.

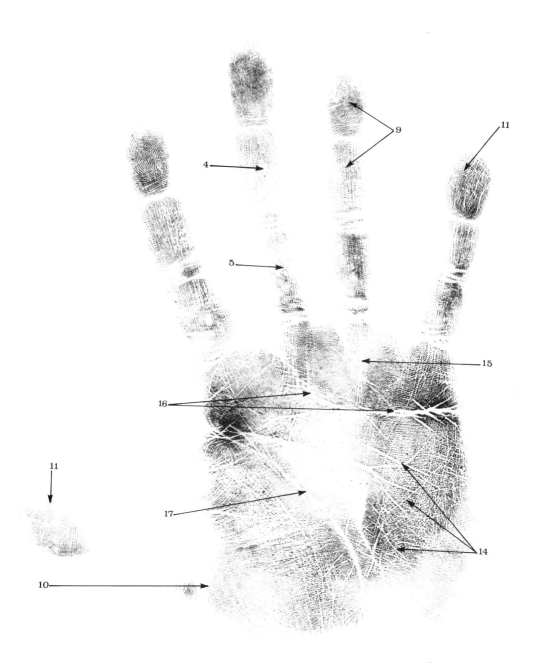

Main longue d'un médecin

16. Signe de cœur avec rupture, îles et rameaux descendants : affection cardiaque.

17. Rupture du signe de vie : altération de la santé à un moment de l'existence, mais sans conséquence grave.

La main courte d'un poète

1. Tourbillon placé haut sur chaque phalange distale : idéalisme, inspiration poétique, sensibilité émotionnelle évocatrice.

2. Éminence thénar très large et charnue, nombreux signes d'influences : vitalité, sphère sensuelle et créatrice, musicalité, besoin vital de contact et d'extérioriser les impressions naturelles du présent.

3. Doigts courts et paume large : alternance d'exaltation et de mélancolie, de sensualité et de mysticisme, mobilité, instabilité, vivacité, spontanéité, vit dans le présent.

4. Signes d'attachements troublés : vie affective tourmentée.

5. Médius et annulaire écartés, tourbillon sur les doigts : originalité, paradoxe.

6. Pouce implanté bas dans la paume et écarté : indépendance et individualisme marqués.

7. Signe profond sur hypothénar : goût des paradis artificiels, périodes d'excès sensuels, sensibilité aux produits chimiques et à l'alcool.

8. Signe de cerveau en fourche, signe d'intuition : finesse perceptive et intuitive source d'inspiration, curiosité, subtilité, don d'improvisation et de représentation.

9. Petit signe magique dans la phalange racine du médius : aspect mystique, égaré, original, précaire.

10. Signe de vie perturbé tout au long de son tracé par des points et des ratures : aventure terrestre mouvementée.

11. Signe d'union ascendant vers l'auriculaire : mariage avec un être beaucoup plus jeune.

MAIN LARGE ET MAIN ÉTROITE

Avec la main large, il y a une projection du moi vers l'extérieur. Vous êtes ouvert, sociable, communicatif. Vous exprimez un vif désir d'extériorisation et d'exprimer vos émotions, de parler, de bouger et de voyager.

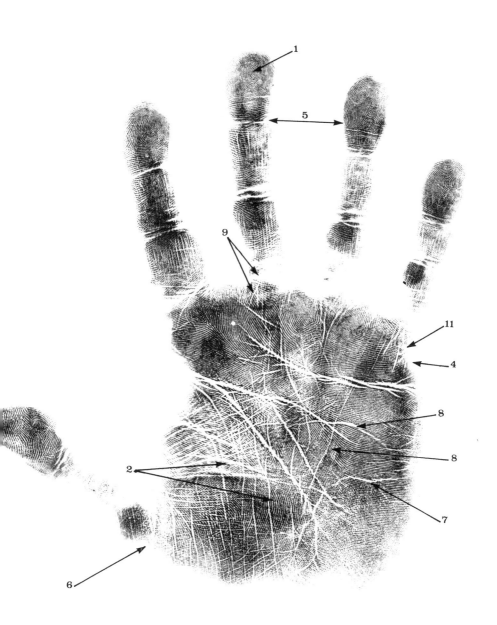

Main courte d'un poète

Main large : mouvement, dynamisme, contact.

La projection du moi vers l'intérieur appartient à la main étroite et allongée. Vous vivez de vos rêves, de votre imagination et de votre sphère psychique. Vous vous exaltez facilement.

Main étroite : aspirations intérieures et idéales.

La main large
d'un producteur de télévision

1. Annulaire esthétique écarté du médius : goût prononcé du faste et du paradoxe.

2. Éminence hypothénar, souple et calme, avec quelques signes de voyages se fondant dans ses sillons : équilibre psychique de l'être, sensibilité et perception vive des éléments naturels, extériorisation spontanée, grand voyageur.

3. Empan grand, pouce long et écarté, signes de vie et de cerveau séparés : grande activité, action hardie, impulsion, dynamisme, force du moi.

La main étroite d'une romancière

La phalange proximale (1, forces latentes) et la phalange distale (2, énergie consciente utilisée) du pouce sont égales (équilibre).

La disposition rare et originale des signes de cœur et de cerveau sous le médius (3) ainsi que la fréquence élevée des petits signes (4) ascendants sur l'hypothénar révèlent ces zones insondables de l'âme, une grande maturité, la profonde originalité, l'attirance du fantastique et les sensations étranges perçues et naissant en l'être. Degré de création.

Les doigts, plus courts que la paume, sont centrés sur le médius (5) et la paume est allongée et étroite : vie secrète, fort mysticisme, alternance de joie et de mélancolie, inclination à l'introversion.

Les carrés sur l'hypothénar (6) favorisent l'inspiration créatrice et les petites îles sur la région proximale (7) les perceptions et la forte intuition. Aspect médiumnique.

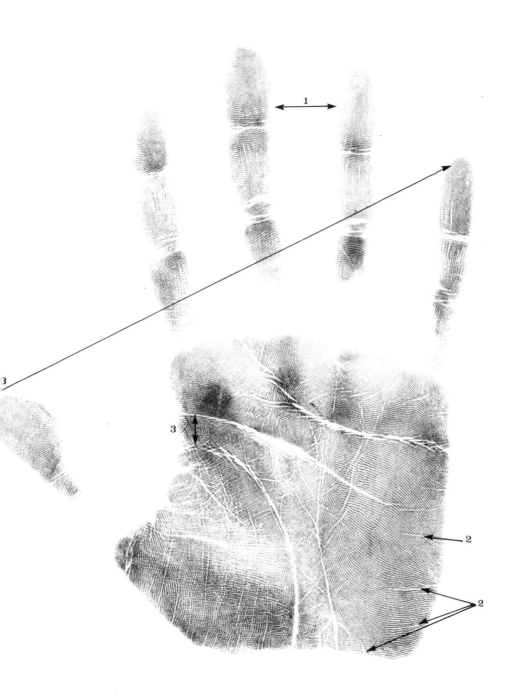

Main large d'un producteur de télévision

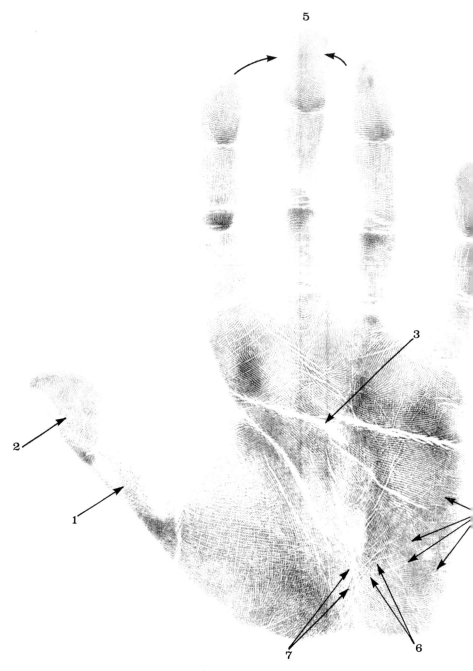

Main étroite d'une romancière

MAIN SOUPLE ET MAIN RAIDE

Avec la main souple vous êtes adaptable, diplomate, subtil, charmeur, doué, humoriste, influençable, changeant, en quête d'une force stable.

Avec la main raide vous êtes sceptique, résistant, durable, inflexible, perspicace, traditionnel, direct, en quête d'une souplesse expressive.

MAIN CHAUDE ET MAIN FROIDE

Votre main chaude polarise, contacte, émet, propulse et libère vos énergies. Vous êtes accueillant, communicatif, démonstratif, magnétique, de contact aisé, plein de vitalité, charmeur, passionné, aux sentiments vibrants. Chaleur vitale, élan extérieur.

Votre main froide capte, reçoit, filtre et concentre vos énergies. Vous êtes réservé, secret, profond, lucide, fugitif, sombre, aux sentiments mesurés, ironique. Froideur secrète. Élan intérieur.

Si votre main est tantôt chaude tantôt froide, il y a alternance des qualités énoncées.

MAIN HUMIDE ET MAIN SÈCHE

Votre main humide est toute de réceptivité, d'émotivité et de sensibilité à vos sensations internes. L'être dont vous serrez la main humide est d'abord sensibilisé par ce qu'il va éprouver de votre contact. Élan émotionnel.

Avec une main sèche, vous êtes peu enclin à vous extérioriser et vous maîtrisez vos émotions. Élan psychique.

MAIN DURE ET MAIN MOLLE

Une main dure vous donne une force musculaire, la fermeté, le dynamisme, l'activité, la résistance, le goût des voyages et l'esprit aventurier. Vous êtes entreprenant, énergique et audacieux.

Une main molle vous porte à la rêverie, à l'imagination, à la réceptivité et à l'inaction. Vous êtes sensuel, bienveillant, doux et jouisseur.

DOIGTS LONGS
ET DOIGTS COURTS

Vus de dos, les doigts paraissent effectivement plus longs que du côté palmaire. Les doigts longs atteignent les 82 % de la longueur de la paume. En dessous de cette mesure, ils sont courts. La longueur de la paume se calcule, sur l'empreinte, de sa base à celle du médius, et celle des doigts, de la racine du médius à l'extrémité de sa phalange distale.

Avez-vous les doigts longs ou les doigts courts ?

Le doigt long est individuel, observateur, profond, conscient, discret, pénétrant, séduisant, autonome, philosophe, calme, prudent, de bon conseil, mélancolique, noble, insaisissable, réservé, méthodique, silencieux, précis, analytique, durable, pour ou contre, optimiste ou pessimiste, fidèle, grande âme pour qui sait l'apprécier, secret, original, attiré vers l'exploration intérieure, hésitant ou audacieux. Le doigt long vous observe discrètement et il est le fervent protecteur de votre individualité, de votre originalité et de votre unicité.

Le doigt court est ouvert, émotif, capricieux, sympathisant, inspiré, sociable, vif, disponible, bouillonnant, charmeur, spontané, vite affecté et réconforté, optimiste et pessimiste, pour et contre, rapide, communicatif, collectif, vibrant, enjoué, dispersé, plein de bonne volonté, impressionnable, au coup d'œil sûr, impulsif, mobile, gai et triste, tout dans l'instant présent, attiré vers l'exploration extérieure, intuitif. Le doigt court a la bougeotte, il brûle d'envie de vous connaître et il désire une fusion de l'être dans l'universel.

Le doigt court extériorise ses émotions et ses sentiments intimes, le doigt long garde secrètement ses états d'âme et ses impressions.

DOIGTS ÉCARTÉS
ET DOIGTS RAPPROCHÉS

Les doigts écartés sont généreux, communicatifs, pleins d'assurance, curieux, impatients de vivre et de connaître, ouverts. Ils ont une tendance à se disperser et ils sont dépendants de l'extérieur et de leurs relations. Il arrive souvent qu'ils pompent un peu trop l'énergie de leur entourage.

Les doigts rapprochés et centrés sur le médius sont réceptifs, concentrés, solitaires, discrets, indépendants vis-à-vis de l'extérieur, détachés et fugitifs. Ils ont une tendance à être trop soumis à leurs sensations internes et aux événements.

DOIGTS ÉPAIS ET DOIGTS MINCES

Les doigts épais sont épicuriens, voluptueux, matériels, positivistes, stables, naturels, accommodants, tendres.

Les doigts minces sont mobiles, éloquents, spirituels, expressifs, délicats, fins, habiles, sentimentaux.

DOIGTS RÉTRÉCIS
ET DOIGTS ÉLARGIS

Les doigts rétrécis à leur racine révèlent le goût de la recherche et de l'observation, un sens déductif et le contrôle de l'instinct.

Les doigts élargis à leur base expriment l'inverse.

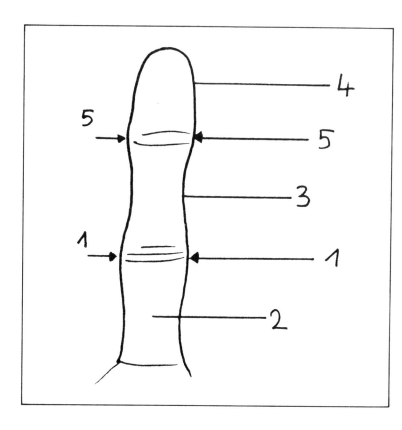

DOIGTS NOUEUX
ET DOIGTS LISSES

Votre index, votre médius, votre annulaire et votre auriculaire peuvent être noueux ou lisses.

Le nœud inférieur (1) freine les impulsions instinctives naturelles exprimées par la phalange proximale (2). Celles-ci sont donc contrôlées. Indice d'observation, d'analyse, de rigorisme et de réflexion.

Plus la phalange proximale est longue et charnue, plus vos impulsions sont impérieuses. Plus le nœud est prononcé, plus votre contrôle est évident et soutenu.

Phalange proximale courte : libération spontanée et impulsivité (si le doigt est lisse).

Des longues phalanges médianes (3) soulignent la richesse de vos perceptions subconscientes, une excellente mémoire des faits, des êtres et des choses et votre sentiment profond de la durée. Courtes, vos phalanges médianes vous sensibilisent à l'angoisse du temps qui fuit et à tous les sentiments passionnels qui vous animent.

Les phalanges distales (4) expriment les aspirations. Le nœud supérieur : les conceptions de l'esprit sur un plan qualitatif (5).
Chez le doigt noueux, il y a une relaxation et une souplesse à acquérir. D'ailleurs, le doigt noueux recherche la sérénité.
Avec le doigt lisse, tout est naturel, spontané et libéré sur-le-champ ; les impulsions, les émotions et les impressions jaillissent telles quelles dans l'immédiat. Au doigt lisse, il y a une mesure à apprendre, il doit se doser ; il le sait, mais c'est plus fort que lui !

Si votre index est noueux : esprit méthodique, opinions et idées précises et décidées. Médius noueux : recherche de la sérénité intérieure, réflexion et analyse. Annulaire noueux : goût esthétique défini, art rigoureux. Auriculaire noueux : l'intuition et les conceptions intellectuelles s'influencent, esprit déductif.
Avec votre index lisse et écarté, vous exprimez fougueusement vos idées sociales originales. Médius lisse : sentiments intimes extériorisés, optimisme. Annulaire lisse : émotions spontanées. Auriculaire lisse : expression aisée, intuition jaillissante.

Ne cachez pas votre pouce dans votre paume. Ainsi replié sous les doigts, bien à l'abri vous semble-t-il, vous vous mettez dans un mauvais état de réceptivité. Évitez ce geste, indice de conflit et de blocage, et votre énergie se libère, vous retrouvez votre confiance !

Doigts implantés horizontalement : équilibre. S'ils sont sur un axe déclinant : détachement et nature solitaire.
Un petit renflement, comme une goutte de rosée, sur le bout des phalanges distales : réceptivité et sensibilité délicates.
Une bague à l'auriculaire : désir sexuel inconscient et d'originalité, votre intuition et vos perceptions.
Une bague à l'annulaire : désir d'un échange affectif.
Une bague au médius : révélation de votre mysticisme et de votre attirance pour les choses cachées et mystérieuses.
Une bague à l'index : orgueil et ambition, désir d'être.
Une lunule sur l'ongle du pouce : excellente énergie vitale et préservation.
Vos phalanges distales sont-elles souples et se retournent-elles ? Vous êtes suggestible et compréhensif, souple et ouvert.
Celle de l'index : influençable aux opinions d'autrui.

Celle du médius : sensible aux pressentiments et au mystère, porté vers l'abstraction.

Celle de l'annulaire : influencé par les émotions, les sentiments et l'esthétique.

Celle de l'auriculaire : suggestible à l'entourage et à vos impressions intuitives.

En revanche, si vos phalanges distales ne sont pas flexibles, vous êtes peu influençable, décidé, inflexible, critique, convaincu de vos idées (index), sceptique envers les choses mystérieuses et attiré par la réalité des faits et le monde concret (médius), et animé d'un goût esthétique bien défini (annulaire).

LA MAIN DE L'ENFANT, DÉJÀ CLAIR MIROIR

Aux septième et huitième semaines les mains du fœtus sont sensibles au toucher.

Au troisième mois, le pouce et l'index s'opposent, la corne rose des ongles apparaît.

C'est entre le troisième et le quatrième mois de la vie fœtale que naissent les sillons (immuables dès leur formation, achevée lors du quatrième mois), puis les signes dans chaque main.

Chaque main est unique.

A cinq mois et demi s'établit le premier contact entre la bouche et le pouce; les mouvements se font manifestes et la main a une vie riche de mobilité.

L'œil averti observant les merveilleuses mains d'enfants, leur individualité, leur variété, leur richesse, leur originalité, leur complexité, voit l'univers propre à chaque enfant et toute sa vie qui va s'écouler, ainsi que l'influence essentielle de l'ambiance familiale et de l'affectivité.

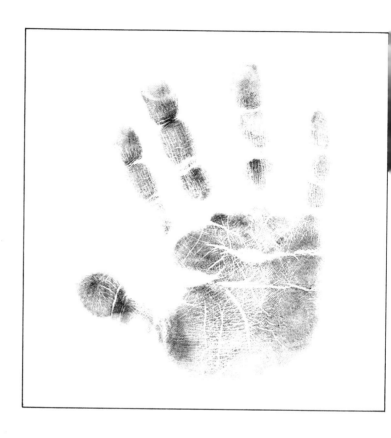

*L'empreinte de la main droite d'un bébé prise
quelques semaines après la naissance.*

Tout est déjà gravé : les sillons (par exemple les boucles et les tourbillons qu'ils forment sur les éminences thénar et hypothénar), les signes s'affermissent (certaines petites paumes ont une fréquence élevée de signes, et d'autres un réseau composé seulement des signes de vie, de cerveau et de cœur), la forme évolue sensiblement : toute la main vit intensément au cœur de l'enfance.

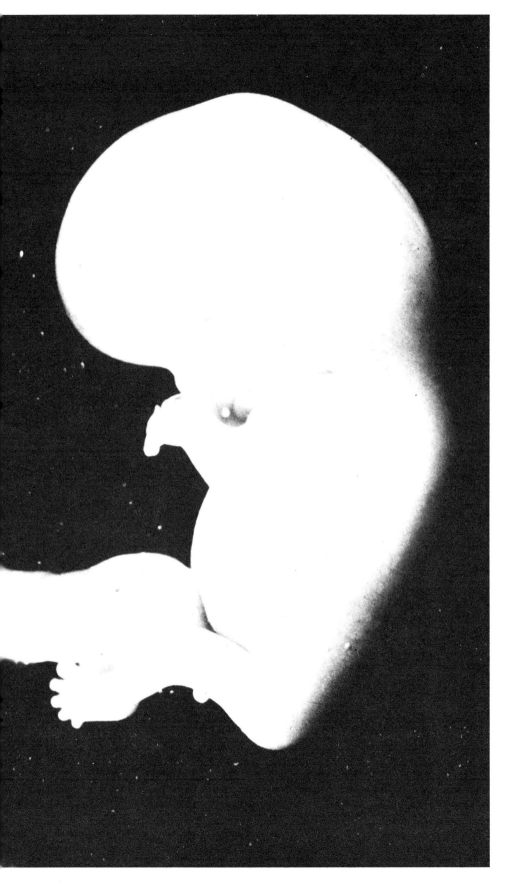

Quelques sem

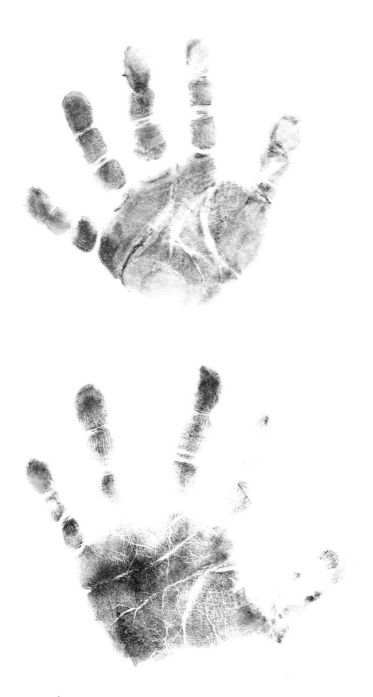

après la naissance

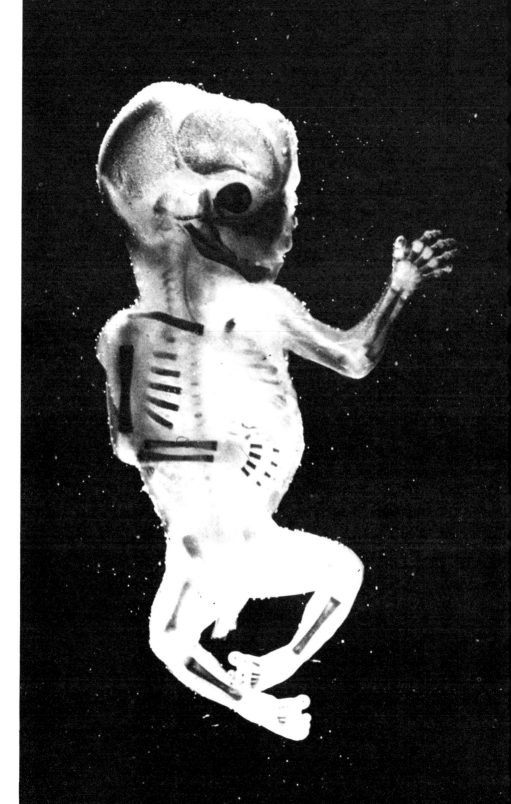

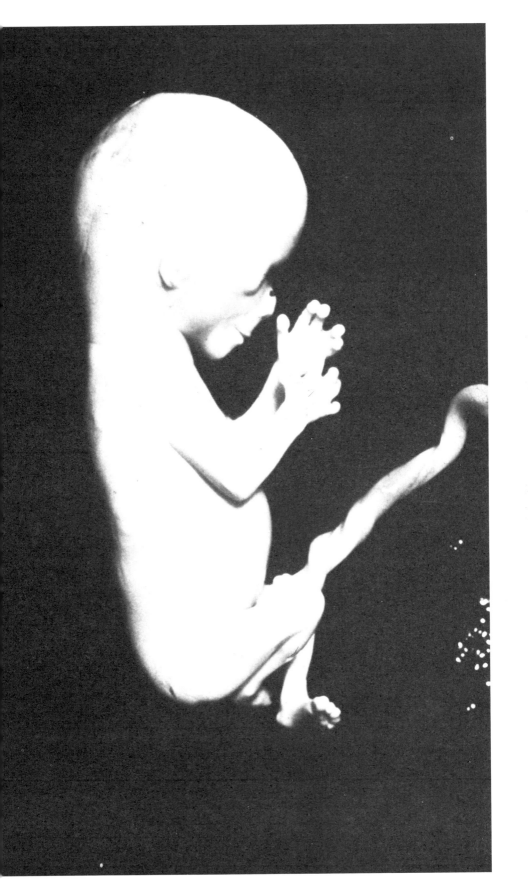

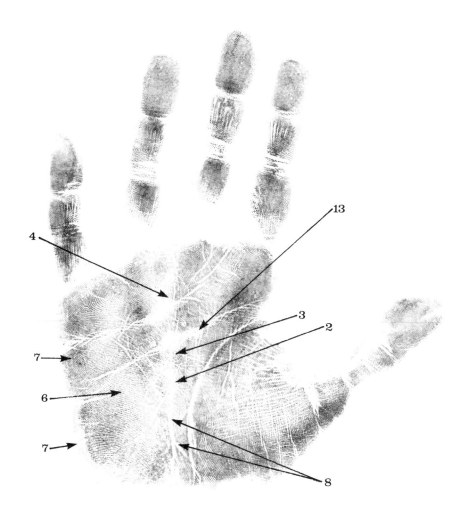

Les mains de Sylvain, cinq ans

Le signe de vie en deux tronçons (1) n'est pas un indice de mort jeune; c'est un fait héréditaire (il est dans la main de la mère) et la possibilité de changements dans l'aventure terrestre, cela étant confirmé notamment par deux signes d'influences marquantes (2, 3) touchant le signe axial, l'un proche de vingt ans (2) et l'autre de vingt-six ans (3); leur direction (4) vers l'annulaire (5) esthétique et écarté du médius et de l'auriculaire, le tracé des sillons sur l'hypothénar (6) et la forme accusée de cette éminence (7) montrent une disposition créatrice et artistique ainsi qu'une originalité évidente à canaliser.

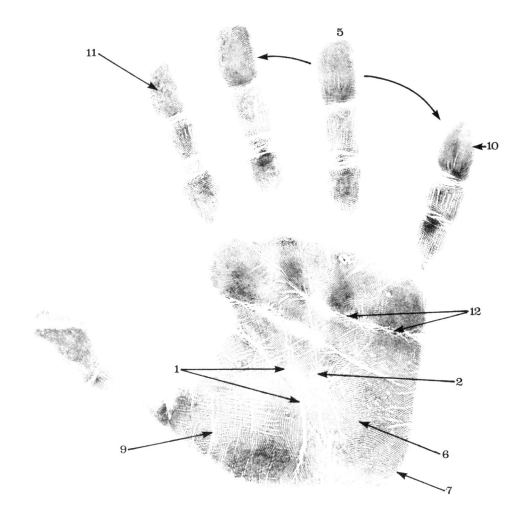

Mains de Sylvain, cinq ans

L'influence familiale n'est pas étrangère à ce fait puisque le signe axial (8) est proche du signe de vie, et un signe en arc est à la base du pouce sur thénar (9).

Avec l'auriculaire pointu (10), Sylvain est un garçon éveillé, intuitif et plein de malice et d'humour.

L'équilibre du pouce et de l'auriculaire est très positif.

Le tourbillon sur l'index (11, comme chez le père) et l'index attirant à lui les autres doigts annoncent le dynamisme futur et l'active réalisation sociale du moi.

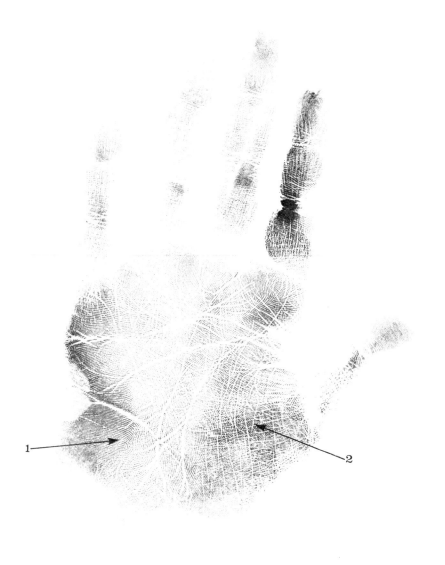

Le signe de cœur agité (12) révèle une instabilité affective et émotionnelle à surveiller, de même que les petits points sur le signe de cerveau (13) demandent une attention particulière aux troubles nerveux passagers.

De la forme de la main se dégage la grâce et du pouce la vigueur.

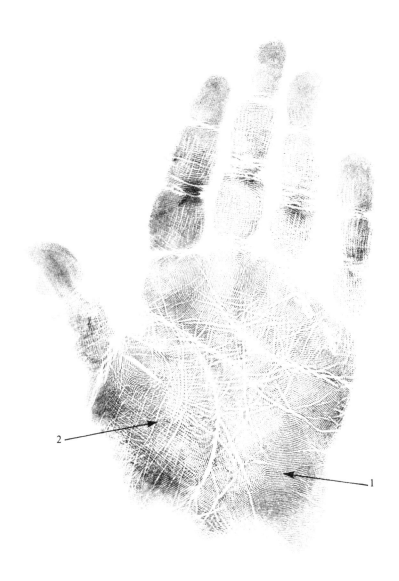

*Dans les mains expressives de ce petit garçon de cinq ans, les sillons for-
ment des boucles sur l'hypothénar (1) et un tourbillon sur l'éminence thénar (2). Ils dévoilent une réceptivité naturelle et une sensibilité physique profonde. Don musical et créateur.*

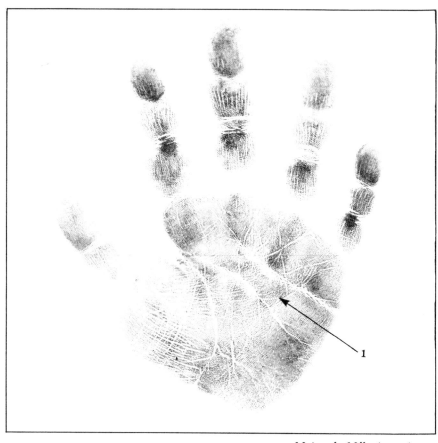

Mains de Mélanie, trois ans

Les mains de Mélanie, trois ans

La fréquence élevée des signes accentue la sensibilité naturelle et le nervosisme.

Le signe d'intuition (1) donne une force vitale étonnante, mais également une hypersensibilité, l'agitation, la peur du noir et de l'inconnu, ainsi qu'une tendance au somnanbulisme; Mélanie a des antennes et pressent.

Le pouce proche de la paume et l'auriculaire écarté (2) sont les périodes d'attachement et d'indépendance avec les parents, spécialement avec le père (3, le médius penché vers l'index).

Un profond signe sur l'hypothénar (4) confirme la sensibilité particulière aux vaccins et aux médicaments.

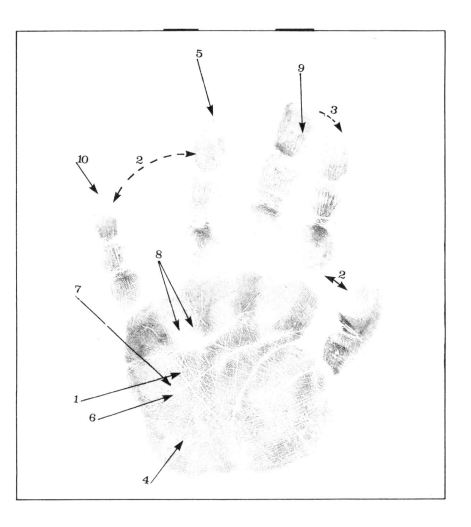

Le goût du beau et de l'esthétique seront marquants avec le bel annulaire écarté et conique (5).

La boucle haute formée par les sillons de l'hypothénar (6) doit attirer l'attention des parents sur les liens magiques de Mélanie avec la nature et son attrait pour les choses mystérieuses.

Le signe de cerveau (7) long avec une petite fourche est révélateur d'une profondeur psychique et d'une belle possibilité intellectuelle.

L'auriculaire pointu (10) et deux signes (8) nés du signe d'intuition (1), aspect remarquable pour la main d'une enfant de trois ans, laisse présager d'une réussite provenant d'un don naturel intuitif étonnant auxquels les parents doivent témoigner le plus grand intérêt.

La fréquence des signes et petits signes magiques (étoile, carré, île) ainsi que les traits héréditaires relevés dans les mains des parents laissent présager

d'un libre arbitre limité et d'une évidente influence des forces du destin tout
au long de la vie de cette petite fille de cinq ans. Originalité.

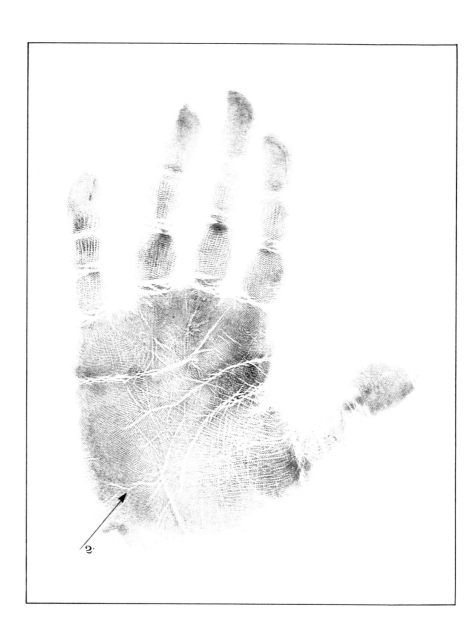

Dans la main droite, remarquez le rare signe unique traversant horizontalement toute la paume (1). Autre indice original pour la main d'une petite fille
de six ans, un signe profond sur l'hypothénar (2) ; médicalement, c'est une

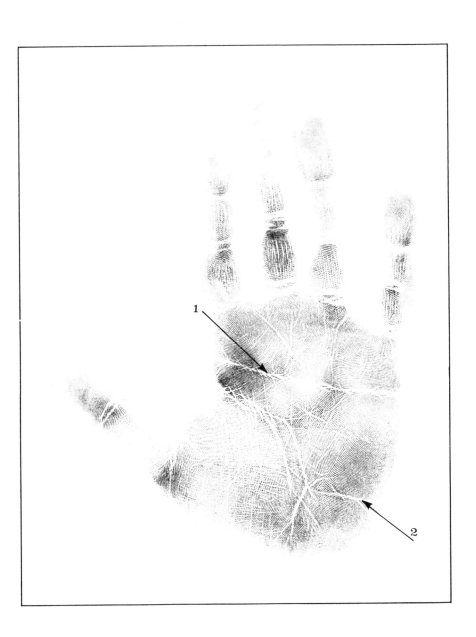

sensibilité aux médicaments et aux vaccins, allergie ; sur le plan général,
c'est une force vitale supplémentaire.

Les mains d'un petit garçon de sept ans. Petitesse de l'auriculaire (organes génitaux et fonctions sexuelles). Développement excessif de la paume (fort instinct) et de l'éminence thénar (sexuel). Le pouce de la main gauche est

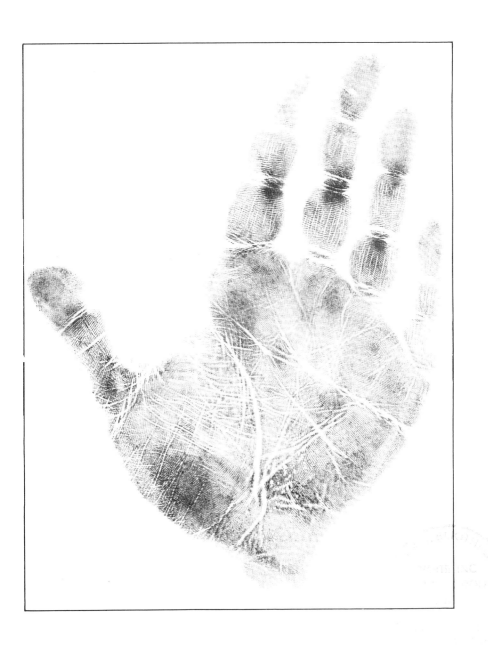

long (contrôle, maîtrise) et celui de la main droite est court (soumission, passion). Doigts courts, signes profonds et larges : émotivité.

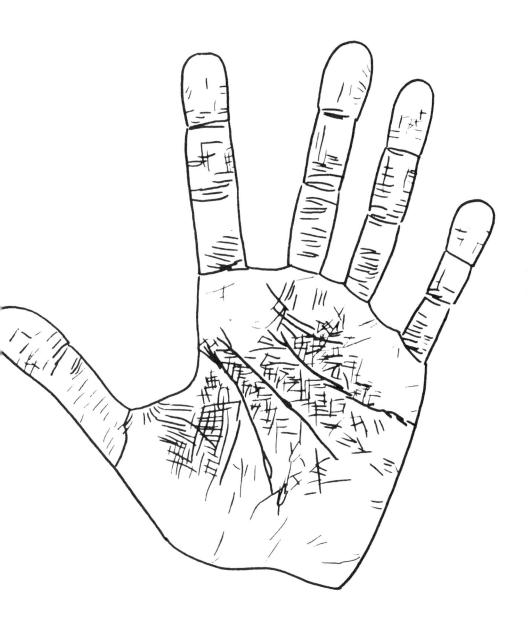

Main droite d'une petite fille de sept ans

La main humide et les nombreux petits signes horizontaux sur les phalanges et les régions centrale et distale de la paume révèlent les troubles passagers de l'équilibre nerveux, l'hyperémotivité et l'ambiance familiale inharmonieuse.

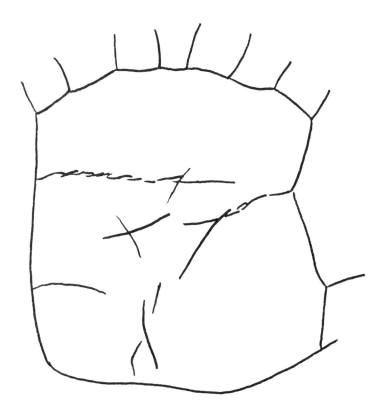

La main d'un garçon de sept ans : les signes révèlent une prédisposition morbide.

Les ruptures des signes (principalement les signes de vie et de cerveau sous l'axe de l'index : zone de la motricité), le pouce inharmonieux et collé à la paume (profond repli sur soi et peur du contact), les doigts centrés sur le médius (mauvais état réceptif), la boucle à ouverture proximale sur l'hypothénar et la petitesse de l'auriculaire montrent la profondeur et l'intensité de la perturbation et le comportement étrange de l'enfant.

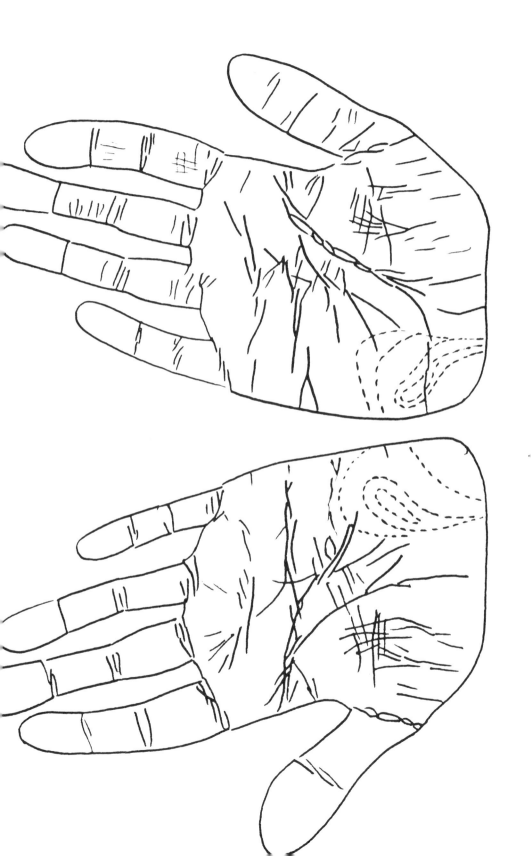

LA MAIN
ET LES POUVOIRS
INCONNUS

La partie basse de l'éminence hypothénar, fusionnant avec la région proximale (1) et le tranchant de la main (2), révèle ces régions insondables de l'âme, les profondeurs de l'être, les secrets de la vie psychique, les forces mystérieuses et les perceptions sensorielles (rêves prémonitoires, voyance, pressentiments, visions, sensations étranges naissant à notre conscience en un éclair, etc.).

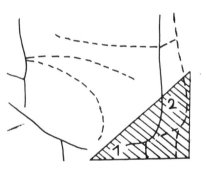

1. Signe de perception et de fort attrait pour les choses mystérieuses.

2. Hypothénar : imagination, inspiration, intuition. Carré : protège et favorise les forces et leur expression. Carré sur hypothénar : imagination, inspiration et intuition créatrices.

3. Petits signes (souvent îlés) ascendant de la région proximale à l'éminence hypothénar : acuité perceptive, sensibilité intuitive, pouvoirs sensoriels, visions.

4. Signes verticaux : richesse des impressions sensibles et de la vie psychique, qualitativité, sagesse.

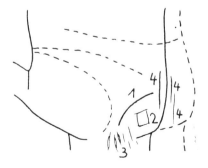

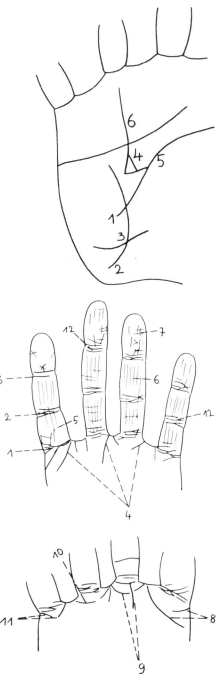

1. Courbe du signe de cerveau sur l'hypo-thénar : romantisme.
2. Signe d'intuition et d'une grande faculté perceptive et réceptive.
3. Grance croix d'inspiration et d'intui-tion créatrices.
4. Triangle unissant le signe de cer-veau (5) et le signe de sensibilité, d'harmonie et d'art (6) de la main d'un critique littéraire : renommée naissant d'un don remarquable.

Les signes (1, 2 et 3) distinguant chaque phalange et gravés, plus ou moins fréquem-ment, à la racine des doigts (4, zone de la conscience et des émotions) précisent la vie psychique, l'originalité, le comportement, les émotions secrètes, les états d'âme et les aspi-rations.

Les signes sur les phalanges proxi-males (5) : impulsion naturelle et vitalité.

Les signes sur les phalanges mé-dianes (6) : perceptions, émotions, mémoire et observation affinées.

Les signes sur les phalanges distales (7) : sensibilité et réceptivité favorisées, multiples impressions sensibles et mentales.

Les signes (force vitale) expriment les pro-priétés du doigt sous lequel ils sont inscrits. Pour l'index (8) : tout ce qui individualise l'être, ses conceptions et ses convictions. Pour le médius (9) : la vie intérieure, cachée et secrète, la profondeur, la fatalité, aspect original, précaire, fugitif, mystique et mélan-colique. Pour l'annulaire (10) : l'émotivité, les qualités sensibles et affectives, l'art. Pour l'auriculaire (11) : les forces intuitives et l'ex-pression originale de l'être.

Avec des signes doublés ou triplés (12), les dispositions des doigts sont harmonisées.

Regardez vos éminences thénar et hypo-thénar et si vous détectez des figures ori-ginales formées par leurs sillons (boucles, tourbillons, arches, etc.) comme ci-dessous (ou s'en rapprochant, chaque motif étant unique, 4 à 20), ainsi que des signes révélateurs (par exemple 1 à 3), vous êtes réceptif, vous percevez des messages sensoriels et vous avez des pouvoirs secrets.

A vous de vous découvrir.

Ressentez-vous des sensations étranges ?
— 1 à 20.

Avez-vous des intuitions révélatrices ?
— 1 à 3 et 8 à 20.

Faites-vous des rêves prémonitoires ?
— 1 à 3 et 8 à 20.

Vous souvenez-vous de vos rêves à votre réveil ?
— 1 à 3 et 8 à 20.

Êtes-vous attiré par les phénomènes mystérieux ?
— 1 à 20.

Percevez-vous particulièrement la musique ?
— 4 à 7 et 8 à 20.

Avez-vous le sens mélodique et une disposition musicale ?
— 4 à 7 et 8 à 20.

Éprouvez-vous parfois un fort état émotionnel angoissant ?
— 5, 6 et 7.

Ressentez-vous une force passionnelle qui s'agite au fond de vous-même, qui vous bloque et vous rend impulsif, et que vous devez extérioriser au grand air, dans l'exercice d'un sport ou avec une création ?
— 6, 12, 16 et 19.

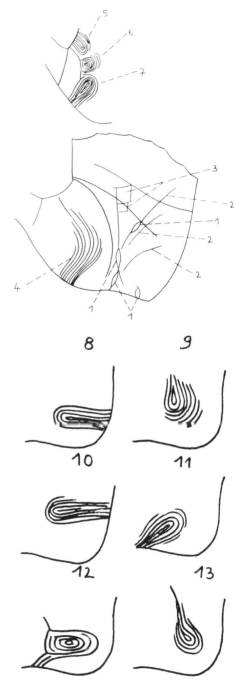

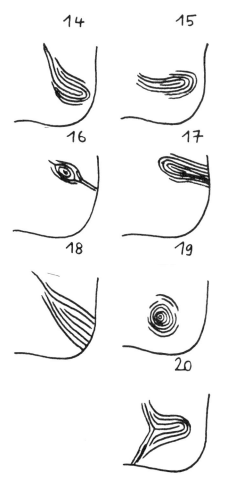

Êtes-vous sensible à la pleine lune ?
— 8 à 20.

Connaissez-vous des sensations physiques harmonieuses et un sens du rythme que vous ressentez avec, par exemple, votre passion de l'équitation ?
— 4, 5, 6, 7 et les autres sillons formant des figures originales sur thénar.

Croyez-vous avoir des liens magiques avec la nature ?
— 8, 10, 16 et 17.

Éprouvez-vous un besoin vital de vous mouvoir et d'extérioriser votre énergie ?
— 20.

Avez-vous connu un fort attrait érotique ?
— 6.

Vous souvenez-vous de comportements étranges que vous ne vous expliquez pas ?
— 1 à 20.

Possédez-vous un don caché et oublié ?
— 1 à 20.

Êtes-vous original ?
— 1 à 20, et plus particulièrement 1, 11, 12, 16, 17, 19 et 20.

1. Signes de cerveau et de cœur rapprochés sous le médius, forme de l'annulaire avec petite île sur le signe de cœur : sensation physique d'oppression et troubles d'origine cardiaque.

2. Boucle, double île et fins signes sur l'hypothénar, auriculaire long et mince : acuité perceptive, profonde faculté intuitive, attirance pour l'insolite, aspect mystique.

3. Signe de cœur bas dans la région distale, main humide, doigts courts : richesse de la vie du cœur, monde émotionnel dominant la raison, nature vibrante et sentimentale.

4. Tourbillon et petits signes sur le médius, paume allongée : nature secrète et intérieure, sensibilité interne vive, introversion.

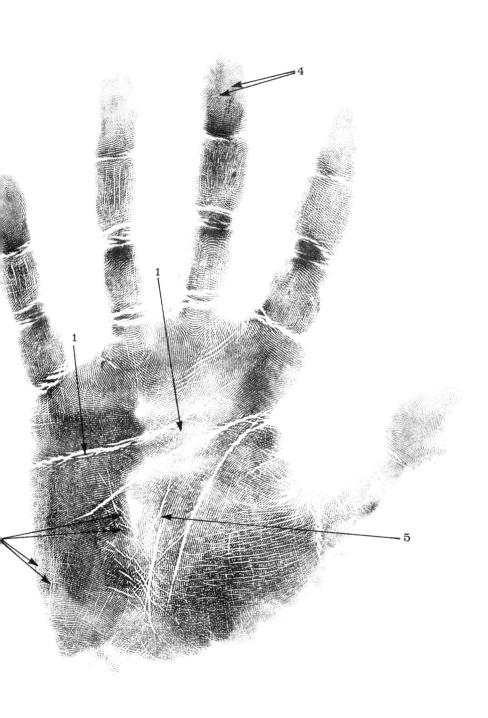

5. Signe axial changeant de tracé : changement profond (à dix-huit ans) dû à une influence extérieure à la volonté ; annonce surtout d'un grand événement transformant l'existence.

6. Main droite, signe parallèle au signe de vie lié à la région proximale : attachement affectif marquant ayant un lien avec l'étranger ou l'étrange.

1. Phalange onglée du pouce renflée : énergie consciente, force de caractère, vitalité, activité physique et mentale.

2. Pouce proche de la paume, longue fusion des signes de vie et de cerveau : tendance au refoulement, timidité, l'adolescence est une période délicate et solitaire due au milieu et à certains événements négatifs.

3. Signe de cœur long et tourbillon sur l'annulaire : sensibilité profonde en l'être, hyperémotivité (doigts courts).

4. Rare boucle occupant tout l'hypothénar, présence d'îles et d'un triangle : rêves prémonitoires, télépathie, intuition magique.

5. Auriculaire écarté avec petits signes sur sa phalange distale : réceptivité cérébrale et profusion des impressions mentales.

6. Hypothénar descendant bas, signe de cerveau îlé et changeant dans la main gauche, doigts courts : cérébralité, cyclothymie, forte imagination voyant le côté noir des choses.

7. Signe sensible sous l'annulaire et arche sur le médius : sensibilité et fragilité intérieures.

8. Signe de vie doublé, puis divergent, et terminé par une petite île, signe en fourche sous l'auriculaire : forte attraction sentimentale dominant l'être, puis rupture (mort du conjoint).

9. Grand carré magique de protection dans la région centrale : protection accordée par le destin.

10. Signe d'intuition en plusieurs traits avec îles : jaillissement par à-coups d'intuitions formidables.

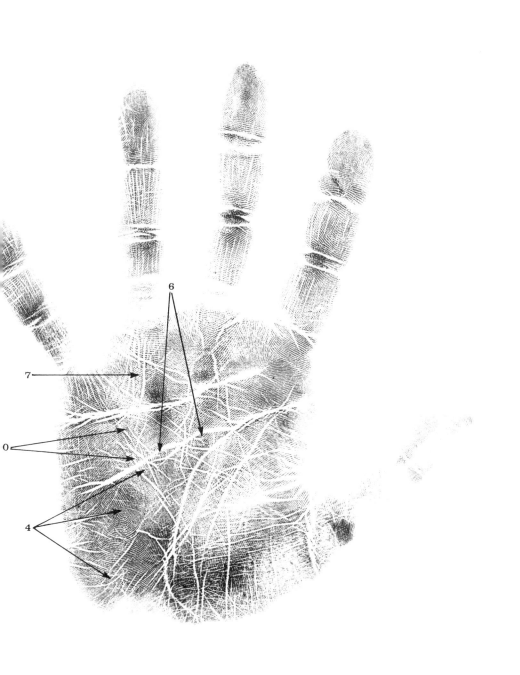

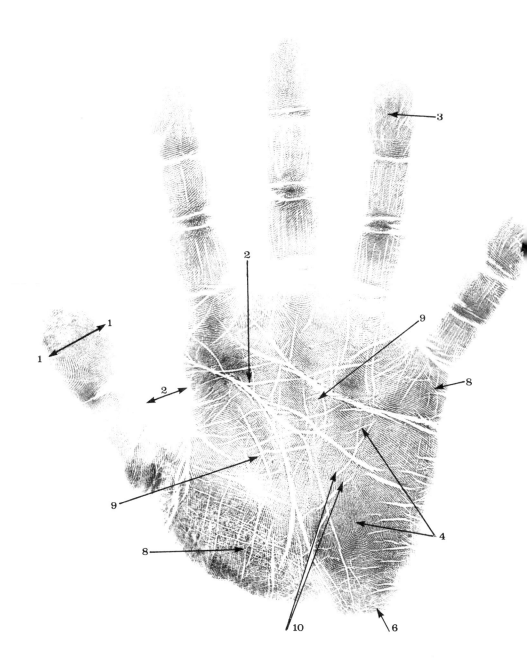

LES VOYAGES

Pour découvrir si les voyages seront marquants dans votre vie, observez le tranchant (1) de votre main et l'éminence hypothénar ; vous voyez des signes profonds, superficiels, longs, courts, ascendants, descendants, mouvementés, fins, larges. Ce sont des signes d'influences, appelés signes de voyages.

La constitution et la forme de votre main ainsi que l'hypothénar sont les premiers éléments permettant de prédire des voyages.

Une éminence hypothénar développée, molle et humide est celle d'un réceptif, d'un rêveur et montre une grande imagination. Les voyages sont avant tout intérieurs et imaginaires. L'hypothénar avec de fins signes superficiels et entrecroisés signale une nature impressionnable, sensible à ses remous intérieurs et angoissée.

L'être a un grand désir d'évasion et un appel de l'espace, mais il ne peut s'y rendre, demeurant lié à son port d'attache. Les voyages qu'il fera seront donc imposés par les circonstances.

Il n'est pas nécessaire d'avoir plusieurs signes de voyages. Un ou deux, s'ils sont profonds et s'ils débutent sur le tranchant, annoncent des déplacements terrestres, maritimes et aériens importants comme des grands voyages intercontinentaux.

Ils sont gravés, plus ou moins horizontalement, sur le haut (2), au centre (3) et à la base (4) de l'hypothénar. Il y a aussi ceux (5) qui naissent de la région proximale et sont ascendants.

Lorsqu'un signe (6) s'élève de la région proximale, à mi-distance de la base des éminences thénar et hypothénar, c'est une influence de l'étranger (l'être y vit ou a un lien à distance) agissant tout au long d'une vie, la région proximale révélant la permanence d'un événement et d'une disposition.

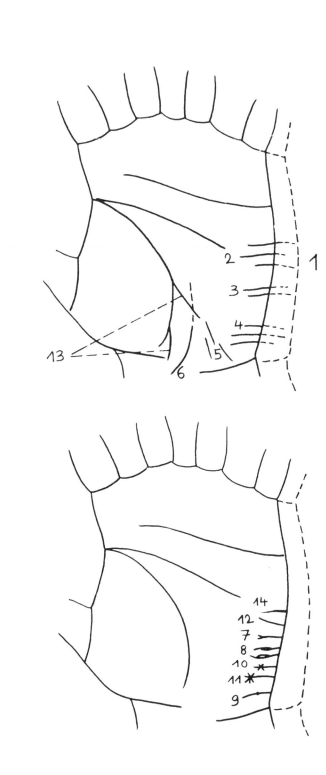

On l'observe fréquemment (s'il est lié au signe de vie ou au signe axial, son action est grandissante) dans les mains des créateurs dont l'œuvre a un retentissement dans plusieurs pays et continents. Il est également souvent présent chez les êtres qui quittent leur pays natal très tôt pour vivre une partie importante de leur existence à l'étranger. C'est un indice de contact psychique avec l'espace et d'un contact à distance avec l'étranger (par une œuvre, une correspondance, des proches vivant à l'étranger, etc.).

Les signes de voyages peuvent être parsemés de petits signes magiques. Ceux-ci donnent leur particularité aux voyages : péripéties, aspect mouvementé et inédit (7, fourche, si le signe de voyage est légèrement ondoyant), trouble et secret (8, île, voyage ayant une cause secrète, un fait précis poussant l'être à s'évader et à fuir, etc.), maladie (9, point), inattendu et dramatique (10, croix, et 11, étoile).

Un signe de voyage montant (12) signifie un déplacement heureux et effectué dans des conditions idéales.

Un carré sur un signe de voyage : désigne une protection lors d'un voyage, celui-ci apportant une harmonie et des péripéties heureuses.

Une étoile sur un signe de voyage (11) avec un grand carré au centre de la paume est une protection de l'être lors d'un événement dramatique en voyage.

L'emplacement des petits signes magiques est significatif. Au début d'un signe de voyage, c'est l'effet ressenti au début de celui-ci ou étant sa cause. Au centre : pendant son cours. A son extrémité : lorsqu'il touche à sa fin ou doit se terminer par un événement brusque.

Ne confondez pas un de ces petits signes inscrit sur un trait de voyage et celui simplement gravé sur l'hypothénar. Leur sens et leur champ d'action sont différents.

Le signe s'échappant du signe de vie dans la dernière partie de son tracé (13) permet de détecter une phase sensible de la vie marquée par une transformation de l'être, volontaire ou non. Celle-ci coïncide, par exemple, après un trouble de la santé, la mort du conjoint ou un des multiples événements indépendants de notre volonté, à un désir d'évasion et à une renaissance de l'être. Une nouvelle vie commence.

Ce signe est également l'indice, toujours selon la main dans laquelle il est gravé, de grands voyages.

Un signe profond et large à son début et se terminant dans un sillon (14) en suivant son tracé est un grand indice favorable aux voyages.

1. Signe reliant les éminences thénar et hypothénar : grande vitalité et longévité (2), sexualité et imagination liées, besoin vital de mouvement, grands voyages continentaux, l'être vit une partie de son existence loin du pays natal, mais il y retourne (signe en deux tronçons, aller et retour).

3. Grands voyages maritimes et aériens (4).

5. Signe de cerveau en deux tronçons sous le médius : possibilité d'un grand changement dans la destinée.

6. Fourche : déplacement marqué par un événement inattendu.

7. Signe ascendant : voyage heureux.

8. Fourche du signe de vie dans la région proximale : liens à distance avec des êtres vivant à l'étranger.

9. Doigts courts et signe de cœur doublé : hyperémotivité, hypersensibilité.

10. Croix mystique sous le médius : fort mysticisme et attrait pour le mystère, confirmés par le signe de conviction (11) personnelle originale.

12. Les petits signes situés à la racine des doigts sont d'une importance inestimable ; ici, ils révèlent la richesse des perceptions et de la personnalité ; le signe magique d'art (12) est présent.

13. Signe érotique ouvert sous l'annulaire : érotisme et art.

14. Signe d'union long et profond, signe îlé sur thénar (15) : liaison amoureuse de qualité et sortant de l'ordinaire.

1. Signes nombreux (abondance des impressions psychiques), d'une grande finesse (mouvement, mobilité) et entrecroisés (angoisse) sur l'éminence hypothénar molle et descendant plus bas que l'éminence thénar (forte imagination).

2. Ile proche de la région proximale : moi trouble, insaisissable et précaire ; l'être fuit subitement et étrangement. La présence de grandes îles dans la main révèle toujours une originalité évidente.

3. Main droite, éminence thénar large et charnue ; main gauche, éminence hypothénar ample : alternance de sensualisme et de mysticisme.

4. Signe de cerveau penché sur l'hypothénar : nostalgie, don d'évocation.

5. Grand carré (touchant un signe de voyage) d'inspiration créatrice (liée aux impressions vécues au loin ou imaginées).

6. Signe axial îlé proche de la région proximale : enfance trouble et agitée (séparation des parents).

7. Signe de rencontres amoureuses à l'étranger ; le point où le signe touche le signe de vie indique la première influence, ici à vingt ans.

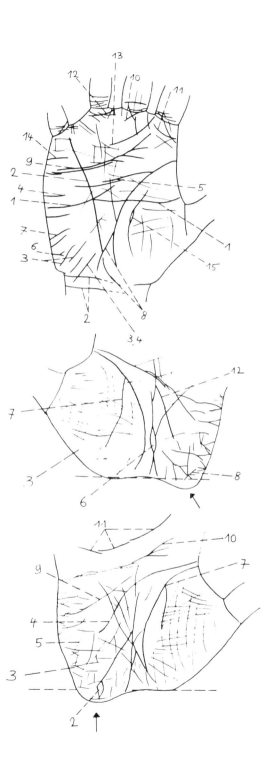

8. Étoile au début d'un signe de voyage : événement soudain décidant un voyage inédit et retour au pays natal après un événement insolite lors d'un déplacement (2, l'île touchant un signe de voyage indique clairement ce fait).

9. Long signe doublant le signe de cerveau : forte attirance exercée sur l'être par l'étranger et le voyage physique et imaginaire. Aspect imprégnant fortement le psychisme de l'être et en fait sa raison de vivre.

10. Signe de cœur en trident et signe de sublimation (11) : sentiments idéalistes, les passions ont tendance à être sublimées.

Le signe d'influence (12) se fondant dans le signe axial est toujours l'indice d'un grand événement extérieur à la volonté ayant trait à une rencontre affective marquante ou à une influence de l'étranger.

Avec le pouce court, l'être est soumis à ses sensations. Il agit par impulsions et par bonds.

1. Grande fourche du signe de vie dans la région proximale, signe d'influence amoureuse naissant du signe de vie sur thénar (l'amour est lié à l'étranger) : vie menée loin de son pays natal.

2. Signes sur hypothénar : voyages continentaux, maritimes et aériens importants. Signe de voyage en fourche : événement inédit lors d'un grand déplacement.

3. Signe d'harmonie avec carré : degré de satisfaction des désirs intimes.

4. Signe axial proche du signe de vie : forte et bénéfique influence de la famille, sensibilité à l'ambiance du milieu où l'on évolue.

5. Points sur le signe de cerveau, sous le médius : petites tensions internes.

6. Les sillons dessinent, dans chaque main, un motif en forme d'arche sur l'hypothénar propre à l'ethnie de l'être.

L'unité des deux mains souligne celle de la personnalité.

7. Main gauche, signe de cœur entre index et médius et main droite, signe de cœur horizontal : dualité d'aimer et d'éprouver tout à la fois des sentiments exaltés, romantiques et réalistes.

8. Index long et petit signe ascendant sous l'index : ambition.

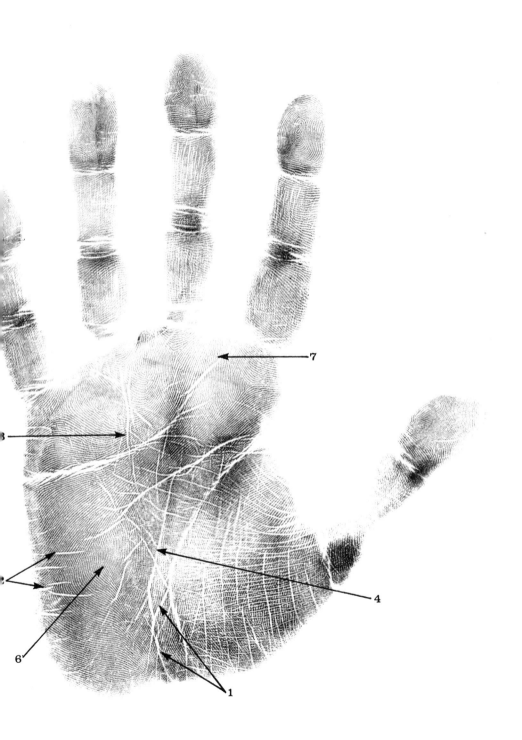

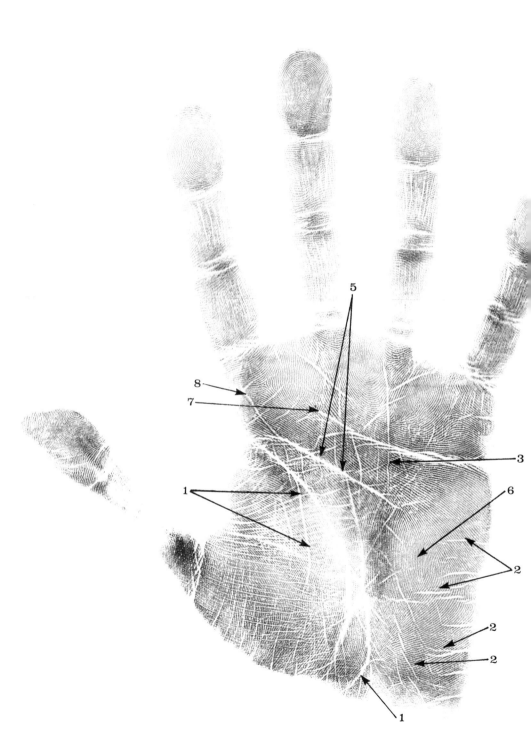

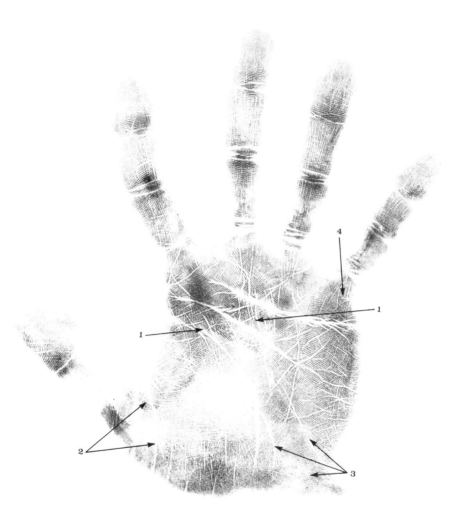

1. Rupture du signe de vie avec croix, carré de protection magique au centre de la paume : grave maladie dans l'enfance, risque de mort, mais préservation accordée par le destin.

2. Signe doublé à la base du pouce : liens familiaux magiques renforcés et célébrés.

3. Grande fourche du signe de vie dans la région proximale, signe ascendant sur hypothénar, main active : existence menée dans plusieurs pays et continents loin du lieu natal, voyages et séjours intercontinentaux.

4. Signe de mariage en fourche : rupture de l'union.

L'AMOUR

Regardez, à l'œil nu et sur l'empreinte, la forme de votre paume.

Si votre éminence thénar (instinct sexuel, sphère physique) est large, musclée et ferme, vous êtes un actif et un amoureux ardent, viril et entreprenant.

Large, charnue et chaude, vous êtes un sensuel et un amoureux magnétique et voluptueux.

Humide, charnue et molle, vous êtes un jouisseur et un amoureux lascif.

Si votre éminence hypothénar est développée et expressive, vous êtes soumis à vos impressions imaginatives et psychiques.

Avec des éminences thénar et hypothénar importantes, vous avez un fort instinct et vous êtes dépendant de vos impulsions sexuelles et imaginatives. Passions impérieuses.

Si votre région distale domine votre paume, vous dépendez de vos stimuli émotionnels et affectifs, de vos sentiments vibrants et de la richesse de vos perceptions subconscientes. Vous êtes un grand sentimental et un idéaliste.

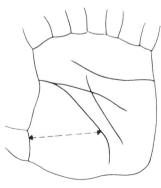

Une éminence thénar large.

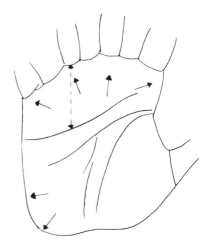

*Une région distale expressive et l'éminence hypo-
thénar développée (descendant plus bas que thénar) et allongée.*

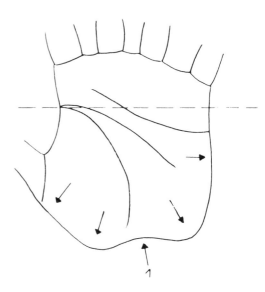

*L'éminence thénar et l'éminence hypothénar
sont accentuées et dominent la paume. Leur pro-
éminence laisse un petit creux entre elles,
dans la région proximale (1).*

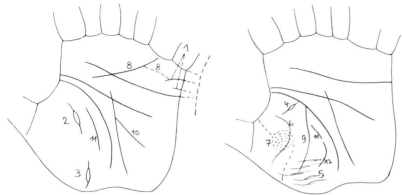

Premier amour, grande passion amoureuse, expression du désespoir dans l'amour, sentiments romantiques, liaison envoûtante,
mariage, séparation, amours fugitives, amours malheureuses, goût du
flirt, voilà toutes les émotions que dévoilent ces petits signes (1) gravés sur le tranchant de la main et qui se prolongent dans la paume,
sous l'auriculaire.

Les signes sur l'éminence thénar révèlent les liaisons amoureuses
et tout ce qui a trait à la vie sexuelle, alors que les petits signes d'attachements (1) sont plus liés à la vie affective et aux sentiments.

2. Signe îlé sur thénar : attraction amoureuse originale et remarquable. Liaison heureuse.

Sur le haut du thénar (2) : la liaison a lieu entre vingt et trente ans ;
à sa base (3) : en fin de vie.

4. Signe îlé tranversal sur thénar : liaison amoureuse particulière
ou originale.

La présence d'îles, de grands signes en forme îlée (5) et de signes
au tracé ondoyant et varié (6) indique une sexualité déroutante et
bizarre. Sentimentalité curieuse. Avec un tourbillon (7) : fort attrait
érotique.

8. Signe de perte d'un être cher troublant profondément et annonçant un grand changement affectif et intérieur. Il peut aussi toucher,
dans son tracé, un signe d'union sous l'auriculaire, c'est alors la perte
d'un membre de sa famille qui est à l'origine de ce fait.

9. Signe de rencontre amoureuse à l'étranger.

10. Signe d'une influence affective inattendue. Événement extérieur à la volonté. Influence de l'étranger. Si le signe se fond dans le
signe axial, changement bénéfique et nouvelle orientation dans la vie.

11. Un signe profondément gravé et parallèle au signe de vie :
forte influence amoureuse, ressentie tout au long du tracé de ce
signe ; il en est de même pour les signes moins longs, mais si l'un
d'eux diverge à son extrémité (12) la passion s'estompe et meurt.

Signe îlé: faits peu ordinaires troublant momentanément une union. Événements extérieurs à la volonté. Sentimentalement, le moi recherche l'île idéale.

Signe en plusieurs petits traits se touchant: l'union est marquée par des périodes d'éloignement et de rapprochement.

Plusieurs signes : l'être éprouve des sentiments multiples, tendance au flirt et à la dispersion amoureuse. Sentiments exaltés. Les amours influencent fortement l'œuvre chez un créateur.

Signe long, profond et bien tracé: remarquable attraction sentimentale. Forte sentimentalité. Exigence affective. Se terminant sous l'annulaire: les liaisons sont marquées par l'art et l'esthétique. Se finissant sous le médius: mysticisme sentimental.

Signe en trident: sentimentalité expressive, grande rencontre amoureuse.

Signe long et profond touchant plusieurs signes de sensibilité: exigence sentimentale, sublimation des instincts, sentimentalité énigmatique, instabilité, alternance de sensualisme et de mysticisme, les amours sont teintées du bonheur comme du désespoir.

Signe avec carré : les amours sont protégées ; événements heureux dans l'union.

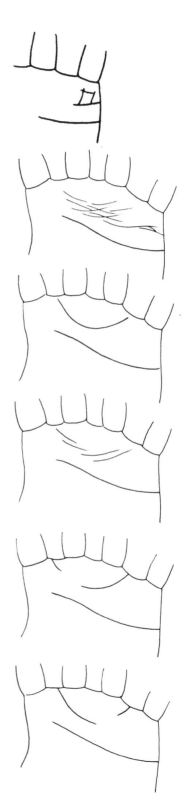

Signes en plusieurs tronçons touchant le signe d'attachement : sentiments romantiques, exaltés et multiples, sensibilité excessive et émotivité, sentimentalité énigmatique, réceptivité et inspiration créatrices.

Signe en un trait profond sous le médius et l'annulaire : aspect passionnel, tension, forte tendance à l'impulsion, sentiments démonstratifs, érotisme.

Signe idéal permettant l'expression sensible de la personnalité et de ses caractéristiques révélées par l'observation de la main.

Signe ouvert sous le médius : érotisme et mysticisme liés, les aspirations ont une touche mystique, l'âme recherche la sérénité intérieure.

Signe ouvert sous l'annulaire : érotisme, émotions et art liés, recherche de la sérénité par l'art et la création.

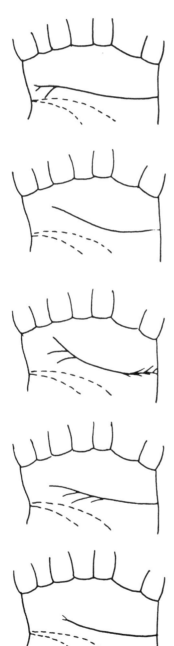

Signe de cœur très long : hypersensibilité, émotivité souvent maîtrisée et refoulée, sentimentalité exigeante, vie affective originale ; avec un petit signe descendant, l'être doit harmoniser sa grande sensibilité et ses affections impulsives.

Signe de cœur prenant fin sous l'entre-deux index-médius : affectivité alternant entre des sentiments égoïstes et passionnés, recherche de la sérénité sentimentale.

Signe de cœur avec petits rameaux sous l'auriculaire et grands rameaux à son extrémité : expression généreuse des qualités du cœur, attention et tendresse affectives, être sensible à l'âme du prochain.

Signe de cœur jetant des rameaux vers le signe de cerveau : les sentiments, les émotions, les passions, les pensées et les conceptions de l'esprit s'influencent constamment.

Signe de cœur achevé sous le médius : affectivité vibrante, les émotions sont jaillissantes et libérées sur-le-champ, sentiments spontanés et naturels, mais aussi réalistes et froids ; besoin d'être aimé et tendance exclusive.

Signe de cœur entre index et médius : ardeur sexuelle, affectivité riche et profonde, émotions idéalisées, réciprocité sentimentale, être absolu dans ses amitiés et ses amours.

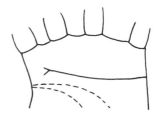

Signe de cœur, terminé sous l'index : grande sensibilité, les émotions sont intérieures et secrètes, sentiments durables, émotivité cachée, tendresse, amour protecteur.

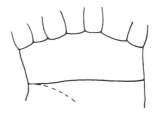

Signe unique (fusion des signes de cerveau et de cœur) profond et long : fusion des énergies mentales et émotionnelles, maturité du moi, haut degré de réceptivité et de sensibilité, qualités sensibles, affectives et sensuelles accentuées, grande capacité d'émotion, originalité, influençabilité, sentiments érotiques.

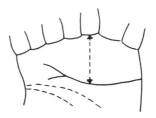

Signe de cœur, finement tracé et superficiel, formé de multiples traits : hyperémotivité, vie du cœur fragile, goût du flirt et de l'aventure amoureuse, affectivité tourmentée, émotions vives, sentiments multiples.

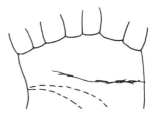

Signe de cœur gravé bas dans la paume, large et profond, harmonieux et légèrement coloré : intelligence de cœur, souplesse affective, à la fois passion exaltée et tendresse touchante, les qualités de cœur sont expressives.
La fourche (qu'elle soit grande ou petite) révèle toujours une réciprocité sentimentale et une dualité d'amour.

Dans cette belle main féminine, l'éminence thénar est large, charnue, souple et chaude : nature sensuelle, chaleureuse et passionnée. Avec les signes d'influence (1) : volupté et sexualité épanouie ; l'un d'eux profondément inscrit (2) annonce une passion amoureuse marquante.

Le signe de vie suit le tracé des sillons et dessine une courbe égale : dynamisme vital.

Les sillons forment des boucles de grande réceptivité sur thénar (3, réceptivité physique, harmonie du mouvement, passion de l'équitation), sur hypothénar (4, réceptivité naturelle et psychique) et dans la région distale (5, réceptivité émotionnelle).

Pouce dynamique : activité, énergie, enthousiasme (6).

Le signe de cerveau gravé indépendamment du signe de vie et s'estompant sous l'axe de l'annulaire (7) : expression aisée avec des sentiments spontanés, compréhension.

L'index est implanté dans la paume plus haut que l'annulaire (8, pensée énergique, ambition, conscience de son moi).

Les doigts sont courts et lisses (personnalité émotive, spontanée, mobile, communicative, impressionnable). La main est humide (émotivité) et la région distale de la paume est expressive comme la sphère émotionnelle de la jeune femme.

Auriculaire écarté : alternance d'un besoin de contact et d'un désir d'indépendance.

La sensibilité (9, tourbillon sur l'annulaire) se manifeste par à-coups (10, signe d'intuition en plusieurs traits).

Petits signes sur le bout des doigts, surtout à l'annulaire (11) : abondance des impressions sensibles et émotionnelles.

Le signe de cœur étant le plus expressif et le plus mouvementé de tous les signes, la vie du cœur est le point sensible de l'être. Ses petits rameaux proches du tranchant de la main et les îles (12) disent les sentiments sincères mais dispersés, et son tracé entre l'index et le médius (13) dévoile un grand désir de réciprocité et d'absolu dans les attachements (14, le médius et l'annulaire sont de plus resserrés à leur racine).

Les nombreux petits rameaux émanant des signes de cerveau et de cœur sous l'axe du médius (milieu ambiant) révèlent un moi facilement troublé par les émotions de la vie quotidienne et une vie psychique influencée par l'affectivité.

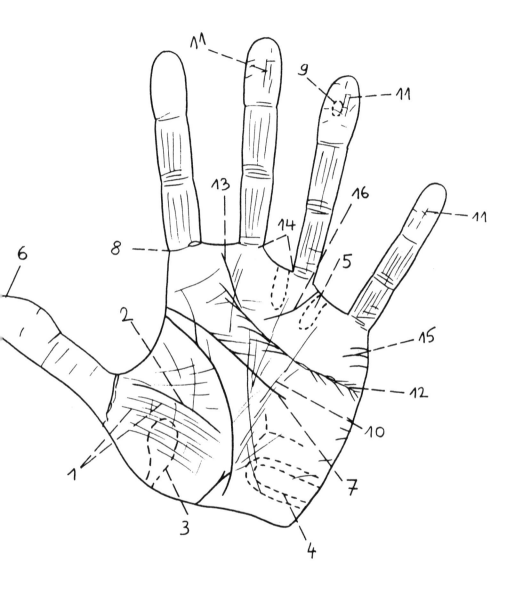

Trois signes d'attachements (15) sont profonds (intensité des sentiments), longs (exigence) et descendants (déceptions).

Signe ouvert sous le médius (16): mysticisme.

Le signe axial émet des fins signes vers l'annulaire, témoins d'une recherche de l'harmonie.

LE DESTIN

Le réseau remarquable des signes (indices de vitalité, d'énergie, de réceptivité, d'affectivité, de voyages, de faits accidentels graves, de réussite brillante, etc.) est parfaitement révélateur du destin.

La présence de nombreux carrés sur toute la paume indique que l'être est magiquement protégé par le destin et qu'il peut traverser les événements les plus douloureux avec toujours une possibilité de s'en sortir.

LES PETITS SIGNES MAGIQUES DU DESTIN

Lisez votre main gauche et votre main droite. Voyez-vous des petits signes magiques?
1. L'étoile du pouvoir et de la célébrité?
2. L'étoile mystique?
3. L'étoile du don original octroyé?
4. L'étoile de la destinée riche en péripéties?
5. L'étoile de l'étranger et des grands événements liés à lui?
6. L'étoile de l'amour?
7. Le grand carré cloisonné de la réussite matérielle?
8. Le grand carré d'inspiration créatrice?
9. Le grand carré de protection magique?
10. Les petits signes, gravés à la racine des doigts, de l'originalité?
11. La croix mystique?
12. Le signe de conviction personnelle originale?
13. Les petits signes de réceptivité?
14. Les carrés créateurs et protecteurs de la santé?
15. Le signe d'art?
16. La grande île magique bizarre et géniale?

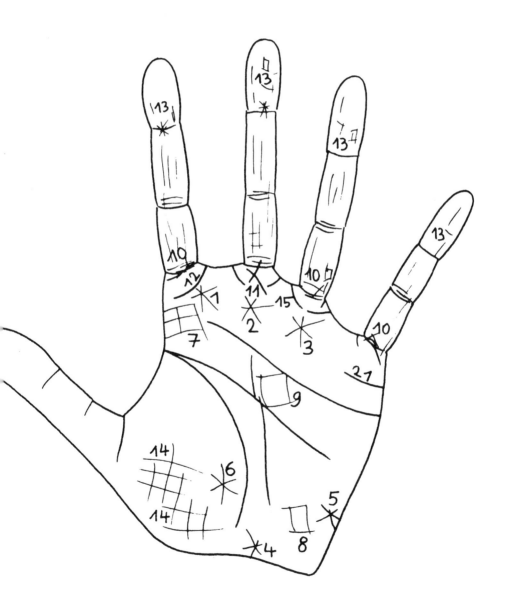

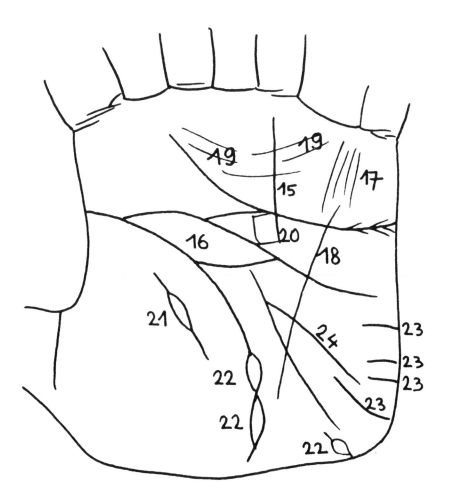

17. Les signes du don de soi et, chez un créateur, d'une œuvre féconde ?
18. Le signe d'intuition extraordinaire ?
19. Le signe de sensibilité expressive ?
20. Le carré des perceptions ?
21. Le signe d'une grande passion amoureuse ?
22. Les îles d'une aventure terrestre originale et d'un moi secret ?
23. Les signes des voyages ?
24. Le signe d'un événement marquant ?

LES SIGNES DE LA MAIN CHANGENT

Vous pouvez découvrir dans la main votre évolution et les périodes sensibles de votre vie. Tout se grave naturellement dans la main. Prenez l'empreinte de vos mains lors d'une phase que vous ressentez évolutive et observez les variations ; vous verrez que non seulement l'écartement des doigts varie (vous avez une manière différente de voir les êtres et les choses) et la forme de la main évolue (avec l'hypothénar, c'est votre vie psychique ; avec la région distale, c'est votre vie émotionnelle et affective, etc.), mais aussi que les signes changent.

Vous trouverez, avec l'empreinte, la confirmation que les événements vers lesquels nous allons et qui nous surprennent sont très souvent étrangers à nos pensées et à nos espoirs.

On voit ici l'empreinte de la même main, prise à quelques temps d'intervalle.

La région distale de la paume correspond aux émotions et à l'affectivité ; l'apparition soudaine des signes révèle :
• une transformation de l'être due à un événement affectif marquant (1) ;
• une vie intérieure ayant une dimension et une sphère nouvelles (2) ;
• une rupture de l'union (3, signe d'attachement terminé par une petite fourche) ;
• la réceptivité et la mémoire sont sensibilisées (4, signe d'intuition plus apparent).

L'empreinte AVANT donne l'impression d'un être replié sur lui-même et comme déjà sous l'emprise des événements à venir ; l'empreinte APRÈS, les doigts écartés indiquant l'ouverture au monde, prouve clairement que les faits ont agi fortement et que la personne a fait le saut et vit pleinement cette phase nouvelle de sa vie.

Le grand carré cloisonné (6) lié au signe de vie est un indice de protection des énergies vitales. Le pouce bien constitué et la main active (moi agissant) démontrent qu'un événement défavorable peut être la source d'une renaissance.

Un nouveau petit signe îlé (7, l'île révélant toujours quelque chose d'insolite, de trouble et d'inattendu) sur la partie basse de la paume (les forces mystérieuses du destin) et de l'éminence thénar (les amours et les influences sentimentales) précise le renouveau affectif idéal et, comme les doigts sont courts et les signes plus marqués, une sensibilité intérieure et une vie émotionnelle plus vives.

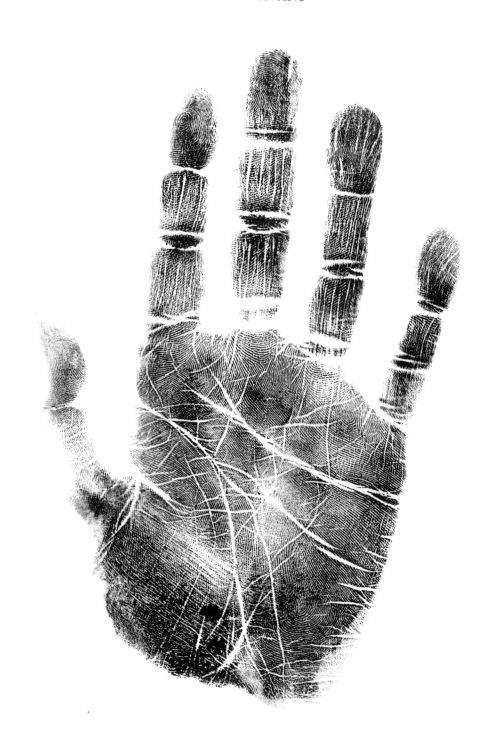

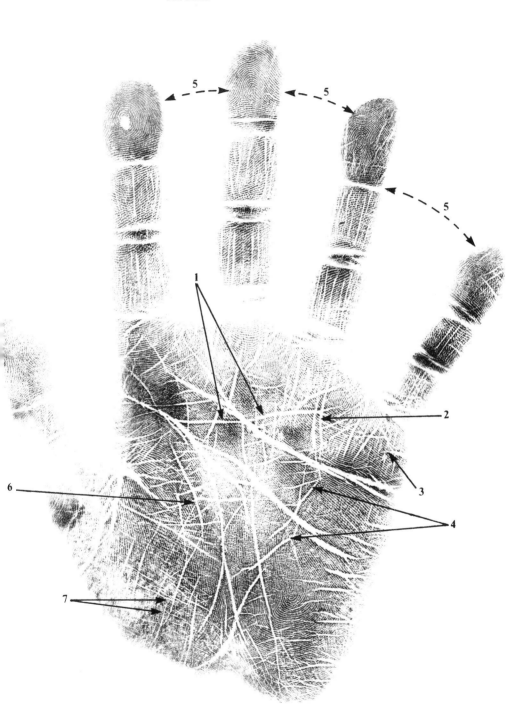

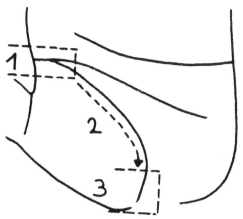

Votre signe de vie est le reflet de votre aventure terrestre.

Les deux champs, situés chacun à une extrémité de son tracé, révèlent l'enfance (1) et les derniers temps de la vie (3).

Le tracé s'écoulant entre ces deux zones correspond à votre évolution.

On décrypte, dans la région centrale, le fascinant code de signes qui dévoile, avec la région proximale, votre destin, les dominantes et la permanence des événements de votre vie.

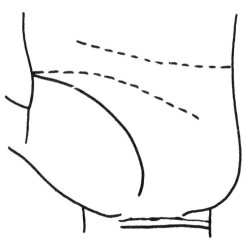

Signe de vie profond et d'une largeur expressive : grande énergie vitale, résistance, faculté de récupération des énergies favorisée, magnétisme vital.

Signes du poignet bien tracés : constitution vigoureuse.

Signes du poignet fins et légers : constitution sensitive.

Signes de vie très large : dispersion des énergies.

Signe de vie profond et d'une finesse expressive : constitution soutenue par son énergie psychique, besoin d'heures régulières de sommeil, grande activité s'alliant à une sensibilité évidente.

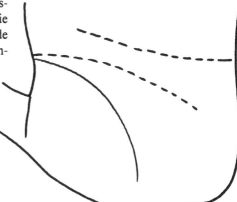

Signe de vie prenant haut sous l'axe de l'index : degré de maîtrise et de *self-control* de l'instinct. Vigueur. Force vitale.

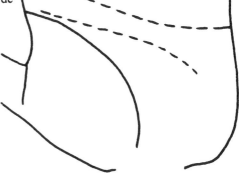

Signe de vie long : favorable continuité d'existence. Avec un tracé clair : santé, indice de grande valeur biologique (surtout si le pouce est long).

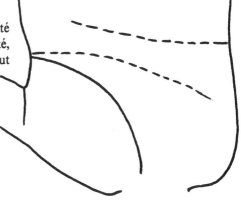

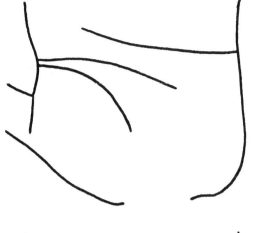

Le signe de vie court n'est pas un indice fixe de mort jeune. Les signes de cerveau et de cœur sont ici longs et bien tracés.

Vitalité exubérante (s'il est profond), vitalité sujette à variations (s'il est superficiel), vitalité dispersée (s'il est très large), vitalité intense (s'il est très fin).

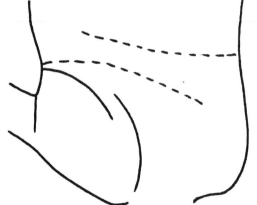

Signe de vie en deux tronçons : possibilité d'une transformation soudaine de l'existence et de l'être. Très fréquemment, signe positif. Avec carré de protection : changement profondément bénéfique. Tendance à connaître des grands événements dans sa vie.

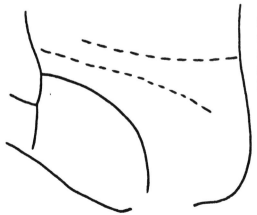

Signe de vie indépendant du signe de cerveau : les forces vitales ne sont pas sous le contrôle de la raison et du mental. Impulsion, audace, expression vitale exubérante. Bien tracé : signe d'éveil et de réussite.

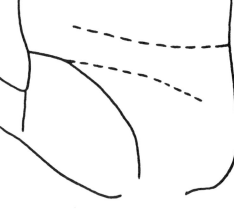

Signe de cerveau et signe de vie confondus, sur un tracé relativement long: l'enfance et l'adolescence constituent une période sensible et délicate, retrait du moi, influence forte de la famille et d'événements extérieurs à la volonté, timidité.

Signe de vie doublé parallèlement: protection de la vitalité, de la santé et de l'aventure terrestre. Signe profond sur hypothénar: force vitale octroyée. Tendance aux excès sensuels. Goût des paradis artificiels. Grands voyages intercontinentaux. Sensibilité personnelle aux médicaments et aux produits chimiques.

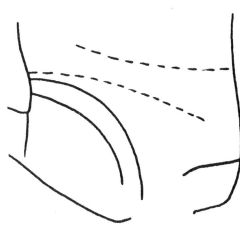

Petit signe parallèle au signe de vie sur un court tracé: c'est un indice favorable de protection de la santé; s'il y a une perturbation momentanée de la santé, le petit signe est là pour protéger. Protection efficace.

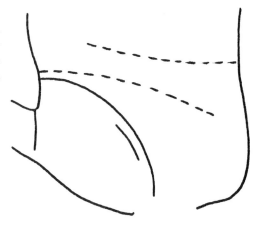

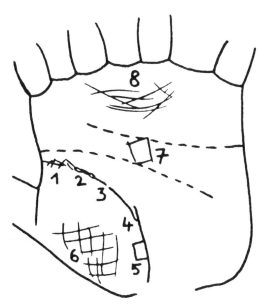

1. Croix sur le signe de vie, sous l'axe de l'index (zone de la motricité) : troubles nerveux dans l'enfance, petites agitations et perturbations passagères.

2. Signe de vie chaîné : troubles de la santé exigeant la plus vive attention. Une fois les maux disparus, les chaînes s'effacent.

3. Rupture du signe de vie : avec carré de protection (7), indice d'un événement perturbateur profond, mais sans suite grave. Sans carré, l'effet de protection est diminué.

4. Rupture avec signes chevauchants : perturbation atténuée.

5. Carré de préservation de la vitalité. Son effet est actif et bénéfique.

6. Carrés de préservation des énergies vitales. Carrés créateurs (on les rencontre très fréquemment dans les mains des créateurs).

8. Signes nombreux et entrecroisés : grande sensibilité.

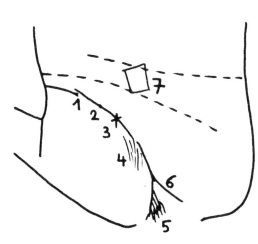

1. Rupture du signe de vie sous l'axe de l'entre-deux index-médius : cet indice se remarque fréquemment lors de la perte d'un être cher. Mort du père, mort de la mère ; plus la rupture est nette, plus les troubles qui s'ensuivent sont profonds. Egalement risque pour la vie.

2. Point : altération profonde de la santé. Le point est un signe passager.

3. Croix (ou étoile) sur le signe de vie : risque accidentel intense et soudain. Avec le grand carré de protection (7), effet atténué.

4. Rupture du signe de vie, la branche supérieure se fondant dans les sillons de l'éminence thénar : perturbation fortement atténuée. Le signe de vie continue son cours normalement. Sans conséquence grave pour la suite de la vie.

5. Petits signes capillaires d'affaiblissement de la vitalité.

6. Grande fourche annonçant un grand changement en fin d'existence. Changement mental, affectif ou physique.

Les petits rameaux s'élevant tout au long du signe de vie montrent les périodes sensibles de la vie marquées par une action favorable du moi. Facteur de changement dont l'ampleur dépend de la profondeur et de la longueur du rameau.

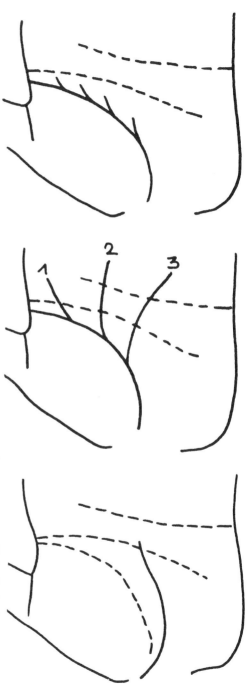

Profonds signes naissant du signe de vie et se dirigeant vers la racine d'un doigt : influence dominant toute la vie et agissant, plus ou moins fortement, à un moment précis de l'aventure terrestre. Souvent, indice d'une réussite remarquable.

1. Vers l'index : signe d'ambition et d'une concentration des forces et des actes de l'être vers un but défini.

2. Vers le médius : effet profond, insolite, intérieur, secret, illusoire.

3. Vers l'annulaire : événement touchant la sphère sensible, émotionnelle, affective et l'art.

4. Vers l'auriculaire : les facultés intuitives et l'expression de l'être sont particulièrement concernées.

Signe axial gravé dans la région proximale : aventure terrestre influencée par l'étranger (l'être vit loin de son pays natal ou a un contact influent à distance). Le moi est soumis à des événements extérieurs et incontrôlables.

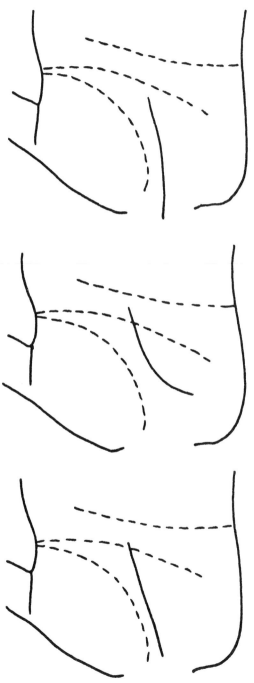

Signe axial inscrit dans le poignet : l'enfance est marquée par un ou plusieurs événements majeurs (orphelin, abandon des parents, etc.) ; elle est en tout cas inédite et mouvementée.

Signe axial sur hypothénar : chance, succès public ; l'être a une philosophie de la vie qui lui permet de surmonter les événements défavorables et de les transformer bénéfiquement.

Signe axial proche du signe de vie : forte influence familiale sur l'être, ses dons et son aventure à travers la vie ; indice de sensibilité à l'ambiance du milieu dans lequel on vit.

Signe axial en un trait profond allant sous le médius (parfois pénétrant dans sa phalange proximale) : libre arbitre limité, l'être est soumis toute sa vie à des événements extérieurs et contre lesquels il ne peut rien. Vie riche en péripéties. Avec des signes magiques dans la main (étoile mystique, etc.) : possibilité de destinée brillante.

Signe axial s'estompant à un moment donné de son tracé : l'être a la chance d'influer favorablement sur le cours de sa destinée, cela étant dû, par exemple, à un milieu familial aisé, à un grand événement extérieur, à une création couronnée de succès, etc.

Signe axial en plusieurs traits et donnant naissance à des signes ascendants : magnétisme d'action et de création. Richesse intérieure, sensible et intuitive. Signe axial doublé : renforce la disposition créatrice et les qualités de l'être.

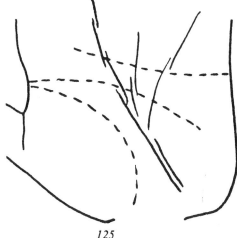

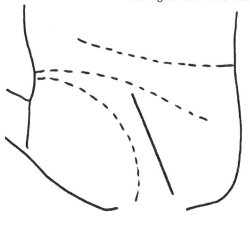

Signe axial bruquement arrêté à un moment de son tracé, sans reprise ni carré de protection : événement perturbateur profond modifiant le cours de l'existence.

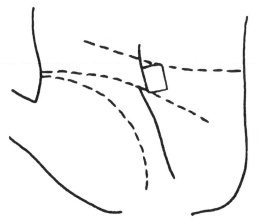

Signe axial en deux tronçons, changeant de tracé et avec un carré de protection : changement de l'être et de sa vie, événement favorable.

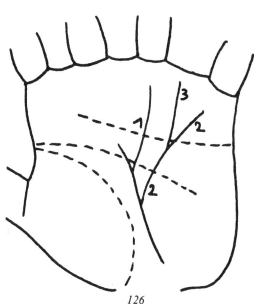

Signes s'élevant du signe axial.
1. Orientation artistique et réussite de son art.
2. Réussite dans la vie sociale s'appuyant sur une expression aisée, une grande intuition et un sens du contact humain.
3. Réussite due à un don intuitif.

1. Evénement extérieur et incontrôlable changeant le cours de l'existence, positivement si le signe est bien tracé.

2. Signe d'influence se fondant dans le signe axial : grand moment de l'existence sensibilisé par une rencontre affective soudaine. Possibilité d'une influence de l'étranger.

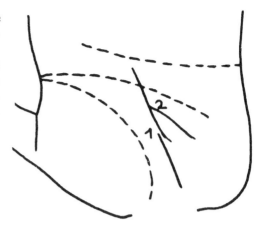

Signe axial dirigé vers l'index : grande réussite sociale et matérielle due à la conjonction du magnétisme personnel et des événements.

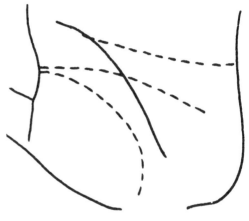

Signe axial faiblement tracé et entaché d'îles et de points, formé de petits traits : manque de résistance, faible force biologique, destinée mouvementée, volonté fluctuante, sensible indifférence au milieu.

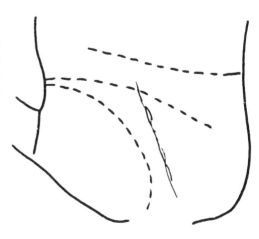

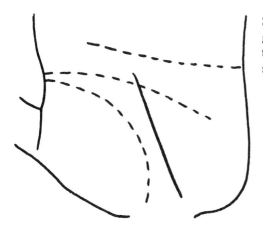

Signe axial profond et bien tracé : indice de grande valeur biologique, force du moi, réactions dynamiques, spontanéité d'action, vive sensibilité à l'entourage et au milieu.

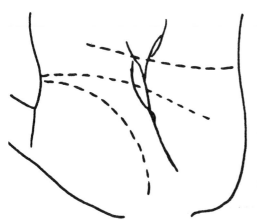

Signe axial en forme îlée : phase sensible de la vie marquée par une série d'événements insolites ; possibilité d'une liaison amoureuse originale ; personnalité originale ; en tout cas, l'être est dirigé par une force trouble et agissante, sa mémoire en est imprégnée.
Signe axial avec petite île : troubles digestifs possibles (estomac fragile, etc.).
Signe îlé s'élevant du signe axial vers l'annulaire : influences et événements insolites favorables ou défavorables.

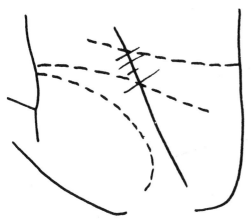

Petits signes coupant le signe axial : réactions de l'être face aux petits et grands événements de la vie quotidienne.
Nombreux : nature facilement troublée et tourmentée.
Un signe profond : effet inattendu sensibilisant toutes les forces de l'être ; perturbation momentantanée, source d'une renaissance du moi.

Un long signe d'influence né de l'éminence thénar, traversant la région centrale et aboutissant à la racine d'un doigt : forte influence agissant tout au long de la vie (le doigt précisant la tendance).

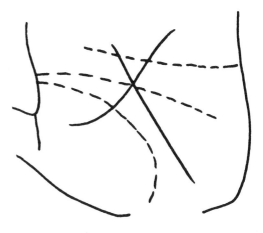

Rameaux émanant du signe axial : les facultés de l'être et ses activités sont diversifiées tout au long de son évolution.

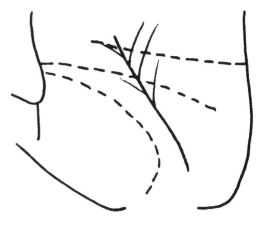

Signe axial changeant de tracé : profond changement dans la vie. Avec le pouce long, le moi maîtrise l'événement en lui donnant de la valeur. Avec le pouce court, l'être ressent les effets durablement.

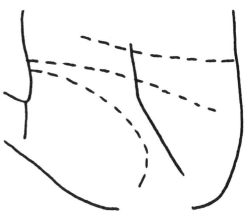

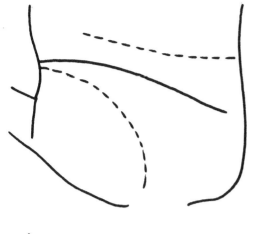

Signe de cerveau profond et d'une largeur expressive : force musculaire, idées claires, profondes, positives et réalistes, moi volontaire et énergique, intelligence active et pratique.

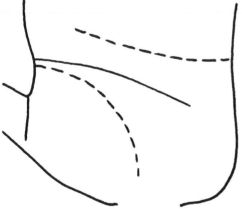

Signe de cerveau profond et d'une finesse expressive : force psychique, idées claires, profondes, souples et intuitives, intelligence active et abstraite, moi éveillé et compréhensif.

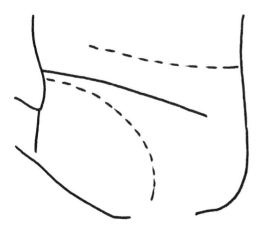

Signe de cerveau long et droit : clarté d'esprit, degré de maîtrise des passions et des émotions, logique, esprit de décision.

Signe de cerveau long et incurvé sur hypothénar : l'imagination teinte fortement le
mental de l'être. Intelligence et imagination
liées. Si, de plus, le signe de cerveau est
gravé bas dans la paume : intelligence instinctive, grande activité psychique.
Inspiration. Sentiments romantiques imprégnant les conceptions de l'esprit.

Signe de cerveau brusquement incurvé à son
extrémité : bien que l'être maîtrise ses passions, il y a irruption d'une émotion forte et
d'un climat passionnel passager. Fougue.

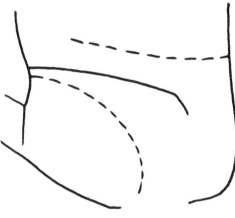

Signe de cerveau incurvé profondément dans
la région proximale : influence des événements du destin et des forces mystérieuses
sur le psychisme, états d'exaltation et de
mélancolie, réceptivité psychique affinée et
esprit bizarre.

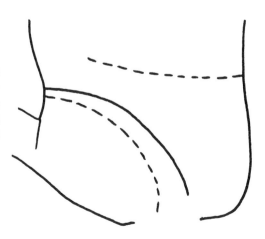

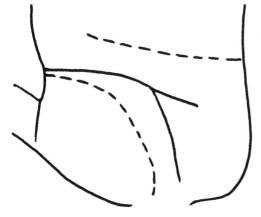

Signe de cerveau formant une grande fourche et confondu avec le signe axial : les événements influent fortement sur le psychisme de l'être. Complexité mentale. Mentalité déroutante.
Lien magique avec les forces mystérieuses. Angoisse.

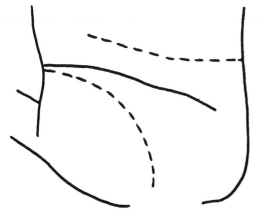

Signe de cerveau changeant de tracé : états d'âme multiples, être à facettes, acuité psychique, moi secret et énigmatique.

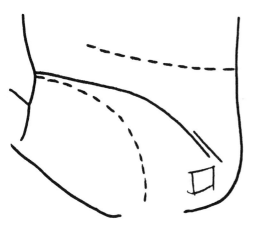

Signe de cerveau sur hypothénar, doublé avec carré d'inspiration créatrice : imagination créatrice, nostalgie, sensibilité physique.

Fourche s'élevant du signe de cerveau vers l'auriculaire : tact, diplomatie, sens des affaires, subtilité d'esprit.

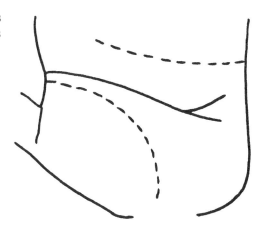

Sous l'axe de l'index, signe de cerveau au tracé troublé : troubles de la concentration, esprit confus, sensibilité nerveuse se manifestant surtout pendant l'enfance.

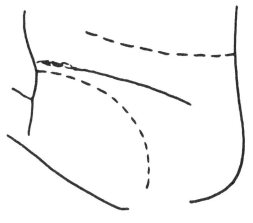

Rupture du signe de cerveau avec un grand carré de protection magique : possibilité d'une transformation dans l'existence, signe favorable (avec carré de protection) permettant l'expression d'un don créateur ; psychisme bizarre, idées multiples.

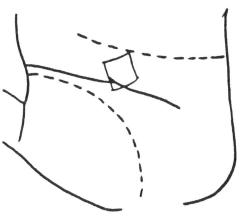

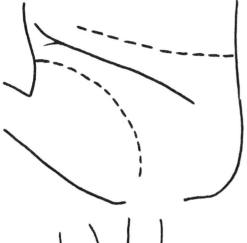

Signe de cerveau gravé sous l'index : autorité, les facultés mentales et intellectuelles expriment une possibilité de grande réussite.

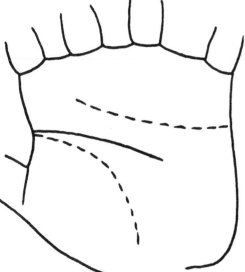

Signe de cerveau achevé sous l'axe de l'annulaire : coup d'œil, sens des contacts humains, spontanéité, intelligence souple et communicative ; l'activité mentale et la vie psychique sont influencées par l'affectivité et les émotions.

Signe de cerveau avec petite île : moi captivé par la nuit et le mystère. Intuition et psychisme liés.

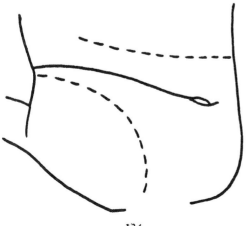

Signe de cerveau avec fourche.
1. Sous le médius, plasticité psychique, mentalité curieuse.
2. S'élevant sous l'axe de l'annulaire, moi facilement troublé par un fait affectif, émotionnel et passionnel.
3. Belle fourche : intelligence et facultés mentales affinées, don d'interprétation, finesse, habileté, réciprocité des pensées.

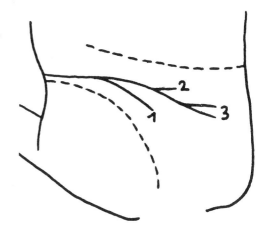

Signes de cerveau et de cœur rapprochés sous l'axe du médius : sensation physique d'oppression.
Avec rupture du signe de cœur îlé : origine cardiaque.
Avec rupture du signe de cerveau îlé : origine psychique.

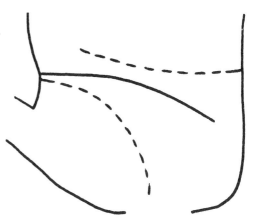

La présence d'une ou de plusieurs îles sur le signe de cerveau révèle l'originalité d'esprit, des idées pas comme tout le monde et une opposition sociale.
1. Petite et sous l'axe du médius : idées bizarres, certaine froideur.
2. Grande île avec rameau (3) touchant le signe de cœur : émotions, affectivité et vie psychique liées.
4. Ile touchant le signe d'intuition (5) : rêves prémonitoires, acuité perceptive, intuition extraordinaire.
L'île révèle encore la solitude et la mélancolie.

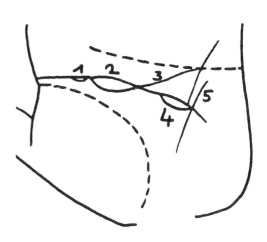

LA SANTÉ

Les maladies s'inscrivent dans la main par l'altération plus ou moins profonde des sillons et des signes et par l'apparition d'un fin réseau de petits signes voilant un endroit précis de sa face palmaire.

Chaque caractéristique physique de la main a un lien avec un organe et une fonction du corps humain, ainsi qu'une relation agissante lors d'une affection.

Les mains annoncent les troubles de la santé, et une étude approfondie décèle la perturbation.

Les empreintes de la main gauche et de la main droite, prises à quelque temps d'intervalle, permettent de constater les répercussions du trouble ; très souvent, le réseau papillaire affecté reprend sa texture primitive nette une fois la santé recouvrée. Malgré tout, les faits majeurs sont gravés à jamais dans la main.

Il faut précisément observer les deux mains à toute phase critique, afin de suivre son évolution.

Le *pouce* : la valeur biologique, l'activité et la résistance organiques.

L'*index* : le système respiratoire, le thorax, le foie, l'estomac.

Le *médius* : le système digestif, les os, les tissus, les organes de l'audition.

L'*annulaire* : le système cardiaque, le système rénal, les organes de la vue.

L'*auriculaire* : le système nerveux, les organes génitaux, le pied.

Les propriétés de l'index, du médius, de l'annulaire et de l'auriculaire sont également décelables dans la moitié supérieure de la paume, sous leur axe.

Les *phalanges proximales* : l'état endocrinien.

Les *phalanges médianes* : les maladies de langueur, les tissus.

Les *phalanges distales* : la sensibilité et l'activité cérébrales et nerveuses.

La *région proximale* : le bassin, les maladies congénitales, les troubles et les symptômes peu communs.

L'*éminence thénar* : le souffle vital, la force génératrice, la vitalité, les poumons, les hormones sexuelles.

L'*éminence hypothénar* : le monde psychique, le système neurovégétatif, le sommeil, la sensibilité et les allergies aux produits chimiques, aux médicaments et à l'alcool.

La *région centrale* : les troubles digestifs.

La *région distale* : la sensibilité nerveuse, les troubles émotionnels et les fonctions de relation.

Le *signe de vie* : la pulsion vitale, la vitalité et l'état de santé en général, les ressources et les facultés de récupération des énergies vitales.

Le *signe de cerveau* : la pulsion cérébrale, le cerveau, les nerfs, le sommeil, l'équilibre mental, le crâne, les membres.

Le *signe de cœur* : la pulsion cardiaque, le cœur, la circulation du sang, la tension artérielle, les troubles cardio-vasculaires, les relations entre les organes du corps et l'altération de leurs fonctions.

La rupture profonde d'un signe peut être compensée par la texture parfaite des sillons qui sont le premier et le principal indice de santé et d'équilibre.

Les figures dessinées par les sillons sur la paume et ses régions, ainsi que les empreintes digitales, sont très révélatrices des affections génétiques et des troubles psychopathologiques.

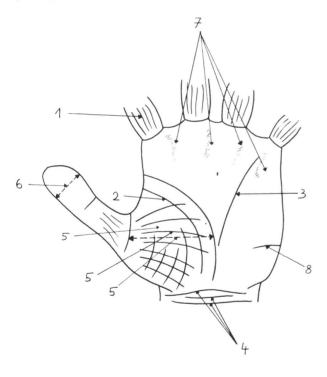

Les *signes de vitalité* :

1. Signes verticaux dans les phalanges proximales et médianes ;
2. Signe de vie doublé ;
3. Signe traversant la paume en direction de l'auriculaire ;

4. Signes du poignet bien tracés ;
5. Éminence thénar ample et ferme avec des signes rayonnants et des carrés ;
6. Phalanges distales charnues (surtout celles du pouce long et de l'auriculaire) ;
7. Région distale saillante et dure ;
8. Signe profond sur l'hypothénar.

Les autres caractéristiques de la main confirment favorablement ou non ces signes exprimant la vitalité, la santé, la résistance et la longévité. Il est exceptionnel de les trouver tous dans une même main, la présence d'un ou deux est déjà profondément bénéfique.

LA MORT

La cause, la nature et la durée de la vie sont révélées par la main.

Les signes, ensuite les sillons, sont les premiers éléments à disparaître une fois la mort survenue. Lors de certaines maladies graves, ils s'effacent déjà progressivement de la face palmaire.

La constitution et la forme de la main, surtout la disposition, le tracé et la texture des sillons et des signes, leur fréquence, leur couleur et leur figure d'ensemble, peuvent révéler une tendance au suicide, à la mort prématurée, violente, accidentelle, lente, mystérieuse.

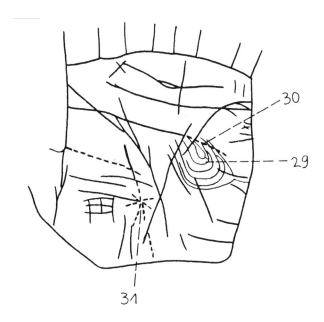

Ces indices, apparus en peu de temps, sont relatifs à la fin de la vie et à la mort de l'être :
- désagrégation de la boucle sur l'hypothénar (29);
- signe de cerveau sensiblement plus long (30);
- naissance d'un point étoilé sur l'éminence thénar (31);
- variation de la constitution de la main et de la région proximale (la fin de la vie) de la paume.

1. Constitution ferme de la main : activité physique et sportive, besoin vital d'expansion et d'extériorisation.
2. Pouce long avec phalange distale charnue : dynamisme, vitalité, résistance.
3. Éminence thénar musclée, chaude à la palpation et avec son angle inférieur prononcé : chaleur, magnétisme, sens des couleurs et du rythme.
4. Paume large : projection vers l'extérieur.
5. Doigts lisses, signes larges dans main souple, boucle comme empreinte digitale : libération spontanée des pulsions.
6. Doigts longs : exploration intérieure.
7. Carré cloisonné sur l'éminence thénar : protection des énergies vitales.
8. Signe de cerveau au tracé changeant : états d'âmes multiples, mobilité intérieure, personnalité changeante et à facettes.
9. Auriculaire écarté et mince avec une phalange distale longue : intuition, réceptivité cérébrale affinée, dominante nerveuse, don de la parole et de l'imitation.
10. Doigts implantés horizontalement : harmonie et équilibre.
11. Annulaire, plus long que l'index, phalange distale longue et élargie : vie émotionnelle expressive et puissance passionnelle, refoulement passager.
12. Phalange proximale du médius longue : vie intérieure riche et secrète, réceptivité naturelle, attache et vive sensibilité aux liens familiaux.
13. Médius et annulaire rapprochés, petits signes sur leur phalange distale : sensible au milieu ambiant et aux événements pénibles tels que la mort, l'inquiétude et la superstition.
14. Médius flexible : suggestibilité.
15. Signe de vie montant vers l'index : combativité, goût de la conquête, affirmation du moi et mérite personnel.

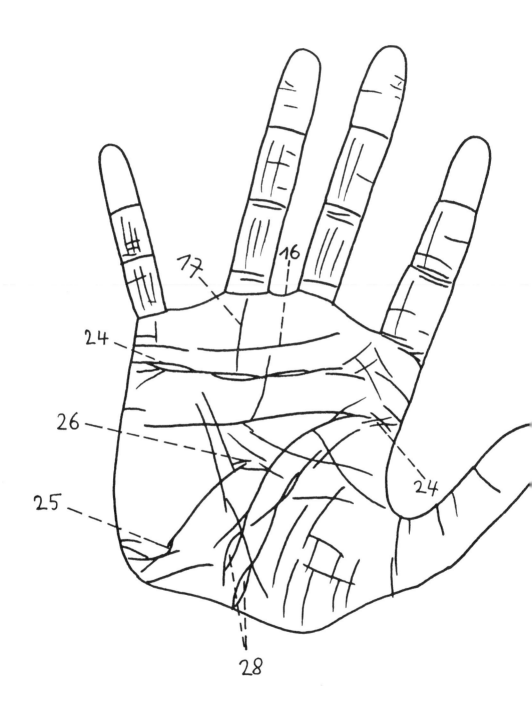

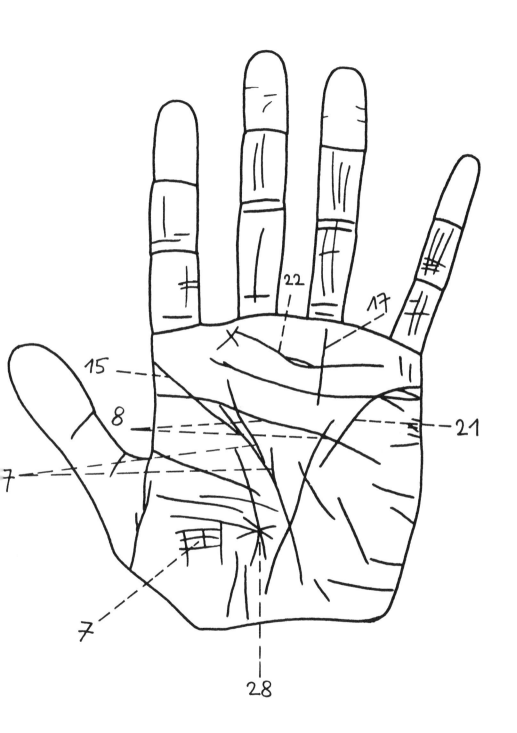

16. Rare, signe du cœur double : bonté, générosité, grand dévouement, noblesse de cœur, relations humaines favorisées.

17. Signe de don profond sous l'annulaire : satisfaction intime, réussite par les dons personnels, facteur de chance, honneur.

18. Main chaude : magnétisme.

19. Les sillons forment une boucle haute sur l'hypothénar : mouvement, ardeur, agitation psychique et émotionnelle, vie onirique colorée, souvenir des rêves au réveil, rêves originaux, perceptions, pressentiments.

20. Phalanges distales longues et signes sur l'hypothénar : grand désir d'évasion et de se dépenser, activité incessante, voyages.

21. Signe sentimental incurvé sous l'auriculaire et touchant celui de cœur : cristallisation affective, attraction affective envoûtante.

22. Signe de sublimation long et îlé parallèle au signe de cœur : sublimation des passions, affectivité secrète, excentricité, vie affective aventureuse et fluctuante, comportement présentant des aspects étranges, personnalité très influençable.

23. Éminences thénar et hypothénar développées : alternance de sensualisme et de mysticisme.

24. Signe de vie perturbé sous l'index, signe de cœur îlé : enfance mouvementée, absence d'un milieu familial équilibré, troubles affectifs.

25. Signe axial lié à un signe de voyage sur l'hypothénar : jeunesse agitée et tourmentée, influencée par l'étranger et les voyages.

26. Arrêt net du signe axial : événement perturbateur de nature affective annonçant une période de crise dès l'âge de vingt-deux ans.

27. Rameaux s'élevant du signe de vie : transformations dans l'aventure terrestre de l'être dues à la conjonction d'une influence extérieure fortement ressentie et de l'action de son moi.

28. Ile sur le signe de vie, région proximale îlée, apparition d'une étoile sur thénar : fin de vie secrète, sensibilité à la vie vécue, intensité des visions, de la sphère intérieure et des facultés sensorielles, mort soudaine et mystérieuse (étoile sur thénar).

LES MAINS CÉLÈBRES

La main de Georges Simenon

Finesse (profondeur, intensité) des signes dont certains, à peine perceptibles, fusionnent avec les sillons et surgissent en un autre endroit de la paume : personnalité puissante, complexe et originale.

Médius très long et attirant les autres doigts : être à l'écoute de ses multiples moi et de ses intuitions ; légère nodosité inférieure : recherche de la sérénité et accomplissement intérieur, observation pénétrante, analyse dominante, sensible à ses métamorphoses, froideur.

Rétrécissement du médius à sa racine : contrôle de l'instinct, sceptique envers les arts divinatoires, aspect scientifique, sens de la recherche.

Phalanges médianes longues : don d'élaborer, d'enregistrer les faits et les choses, de les réunir et de les analyser.

Pouce long et musclé proche de la paume dans la main gauche et écarté dans la main droite : dualité expressive du moi oscillant entre la maîtrise de ses pulsions et le jaillissement des passions instinctives précaires et explosives.

Petits signes sur le bout du médius (réceptivité) et de l'annulaire (échanges sensibles et affectifs).

Phalange onglée du pouce légèrement repliée à l'intérieur : l'être se livre peu, vit en retrait du monde social, dans une certaine indifférence.

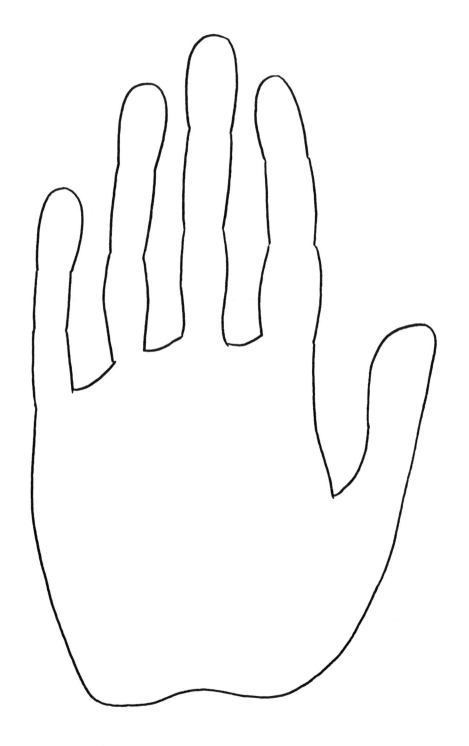

144

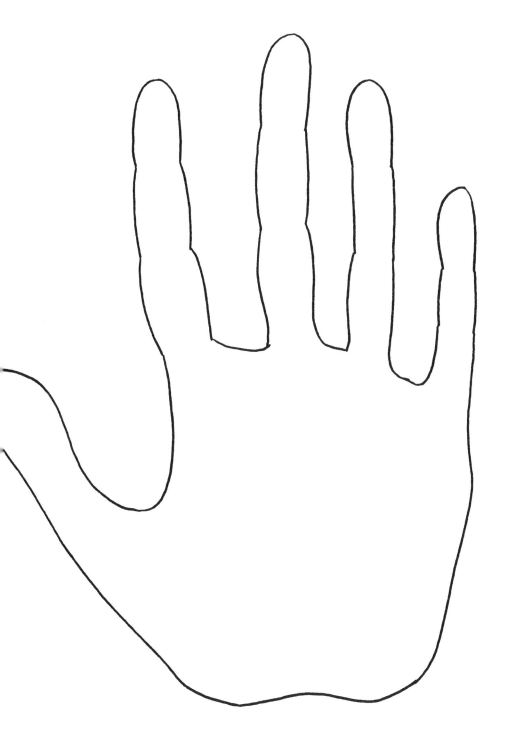

Phalange proximale de l'index charnue, éminence thénar large avec des signes en forme îlée : désirs instinctifs, grand attrait sexuel.

Paume large : besoin de communication ; les doigts longs freinent l'extériorisation.

Double signe d'intuition : acuité perceptive, intuition créatrice.

Petite île allongée sur le signe de cerveau fin : variations psychiques, idées originales et bizarres, mobilité. Attrait pour le monde psychique, ses manifestations et les métamorphoses de l'âme.

Annulaire écarté : goût du faste et du paradoxe.

Ile sur un signe de voyage : événements insolites pendant les voyages.

Dans la main droite, les doigts suivent un axe déclinant : avec l'expérience de la vie, tendance au détachement et à la solitude.

Petits rameaux du signe de cœur vers le signe de cerveau : sentiments affectifs, émotions et conceptions de l'esprit s'influençant.

Carré sous l'annulaire, point étoilé sous l'index et carré cloisonné : célébrité.

Petit signe îlé parallèle au signe de vie sur la partie inférieure de l'éminence thénar : la dernière période de la vie est marquée par une attraction affective satisfaisante ; avec un signe d'attachement ascendant et un petit carré cloisonné : union heureuse.

La grande fourche des signes de vie et axial dans la région proximale précise l'influence de l'étranger et le grand retentissement de l'œuvre.

La main gauche et la main droite de Georges Simenon se distinguent par le pouce (capacité créatrice et d'action) et l'éminence thénar (instinct sexuel) qui révèlent la grande production (petits signes verticaux à la racine de l'auriculaire) du romancier.

La main de Félix Leclerc

Boucle sur l'éminence thénar : disposition musicale.
Boucle sur l'éminence hypothénar : imagination créatrice.
Fréquence élevée des signes : réceptivité, quête de soi.
Paume développée : richesse intérieure.
Constitution de la main : ascendance terrienne.
Signes d'influences ascendants vers les doigts : abondance des impressions psychiques, mobilité.

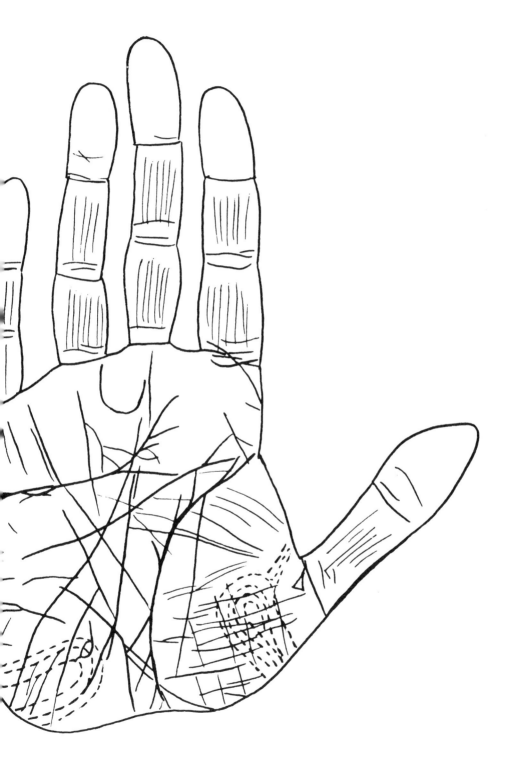

Pouce : solidité, énergie, lutte avec la vie, créativité.

Index : expression d'un moi individualiste et indépendant.

Médius : vie intérieure, cachée et secrète, enracinement, dépouillement, profondeur, inquiétude, fatalité.

Annulaire : influence familiale heureuse, sensibilité à l'art.

Auriculaire : mouvement, perception, humour, ironie.

L'éminence hypothénar est la région de la paume la plus expressive ; dans la main droite, sur l'empreinte, elle descend plus bas que l'éminence thénar ; elle est souple, ses sillons forment des boucles et des signes sont gravés : ampleur de la sphère imaginaire, errance, évasion, âme tourmentée et vagabonde, instabilité passagère, besoin de bouger, de rompre et de fuir, liens avec la nature, voyages, attirance pour l' « ailleurs », originalité du comportement.

Signes de vie et de cerveau clairement tracés sous l'axe de l'index : enfance harmonieuse influant favorablement sur l'équilibre de la personnalité (proche de ses racines, main terrienne).

De l'éminence thénar ample et souple émanent la vitalité, le magnétisme et la vie célébrée au présent ; la boucle dessinée par ses sillons favorise la musicalité, les vibrations perçues en soi et les facultés sensorielles ; les signes nombreux annoncent le tempérament artiste, les influences et les amitiés ; les grands carrés préservent la santé et le don créateur.

Signe d'influence, doublant le signe axial de l'hypothénar à la région distale, pouce long et énergique : belle destinée, conjonction de l'étranger, des forces extérieures et de la volonté.

Étoile au début d'un signe de voyage : événement soudain et inattendu provoquant un voyage marquant.

La main de Charles Aznavour

L'éminence thénar est large et charnue (sensualité) avec un tourbillon (attrait érotique, don musical et mélodique, sensibilité de toucher à la forme), des signes fréquents et profonds (nombreuses influences et rencontres) et des grands carrés (vitalité).

Signe de vie doublé : protection.

Doigts courts et lisses : alternance de mélancolie et de joie, émotions vives et immédiates, vivacité, mobilité, rapidité.

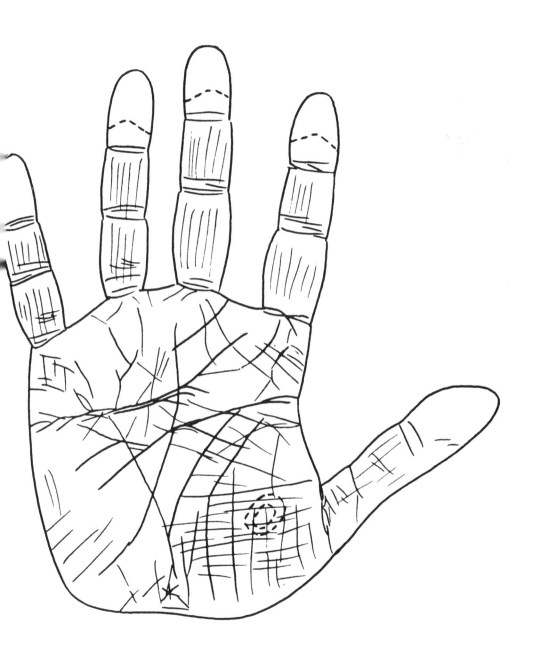

149

Signe de cœur long : grande sensibilité.

Index attiré vers le pouce : énergie, volonté, activité, ambition et désir de réussite.

Signe d'influence reliant les éminences thénar et hypothénar : imagination sensuelle.

Doigts courts, pouce dynamique, signes ascendants sur l'hypothénar : besoin vital de bouger, voyages, influence de l'étranger.

Signe d'intuition touchant le signe de cœur et boucle sur hypothénar : images et émotions créatrices.

Petits signes sur la phalange de l'auriculaire et à sa racine : expression aisée, don d'interprétation.

Carré sur un signe d'attachement : union heureuse.

Grand carré cloisonné sous l'index : réussite matérielle. Une petite croix profonde signale la possibilité d'ennuis concernant la fortune.

Signe axial débutant sur hypothénar : succès public, chance.

Étoile dans la région proximale : destinée marquée par l'étranger et riche en influences et en événements harmonieux et dissonants dès l'enfance.

La main de Pierre Péchin

Main souple, auriculaire long et mince : adaptabilité, mobilité, don d'expression et aisance dans les contacts.

Phalanges distales longues : activité psychique, impressions mentales multiples.

Annulaire esthétique : sens de la beauté.

Éminence thénar large et charnue, signe de vie profond : grande vitalité, santé, magnétisme, sens du rythme et des formes, débit vital rapide, faculté de récupération des forces vitales, sursauts inattendus d'énergie.

Médius penché vers l'annulaire : nature artiste.

Annulaire écarté : goût du luxe et du faste.

Phalange distale de l'annulaire longue et élargie : goût du risque, angoisse, tension.

Disposition inhabituelle des sillons sur l'hypothénar, île sur le signe axial : attrait pour les phénomènes insolites, pressentiments.

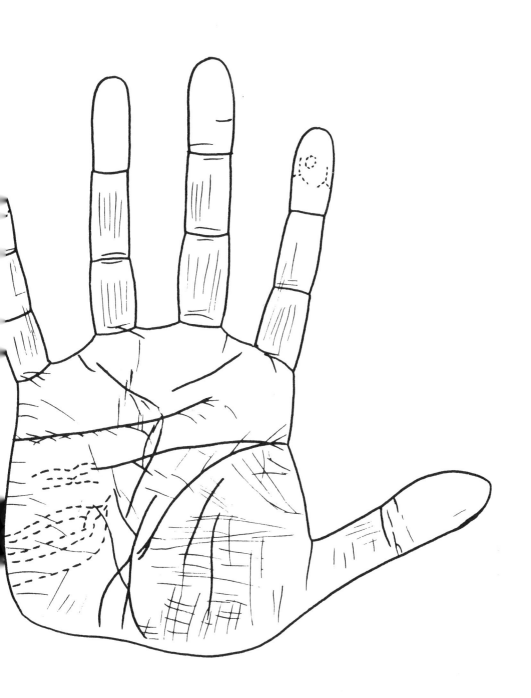

151

Carré de protection au centre de la paume.

Signe érotique sous l'axe du médius et de l'annulaire.

Index écarté : non-conformisme.

Forme originale de la main : fantaisie.

Signe d'intuition en plusieurs traits : l'être agit par bonds et par arrêts.

Doigts longs : analyse et profondeur.

Phalanges proximales courtes : forte impulsion.

Paume large et carrée : activité.

Signe de cerveau s'estompant sous l'axe de l'annulaire : chaleur dans les contacts, rayonnement, spontanéité.

Signe de vie en deux tronçons : possibilité d'un grand changement de la vie.

Auriculaire long, écarté et tourbillon sur sa phalange distale : nervosisme, intuition, don de l'imitation, extériorisation et expression de l'être par l'humour.

La main de Gonzague Saint-Bris

Main grande et aristocratique.

Petits renflements sur le bout des doigts : délicatesse, préciosité, touche sensible et esthétique.

Doigts longs et lisses, petits signes sur chaque phalange : vie psychique dominante.

Pouce long et proche de la paume : sensibilité à ses moi multiples, degré de création et d'autorité.

Index long et écarté : indépendance d'esprit, style de pensée révolutionnaire, moi orgueilleux ; avec une nodosité inférieure légère : esprit méthodique et organisateur.

Médius resserré à sa racine : maîtrise des instincts, profondeur et intensité ; phalange médiane longue, art d'assembler les faits et les documents, sens historique.

Annulaire : sentiments raffinés, attirance vers l'art.

Auriculaire : esprit brillant, curiosité intellectuelle, sens des affaires, habileté.

Grand carré d'imagination créatrice sur l'hypothénar.

Petite île à la fin du signe de cerveau : fascination de la nuit et aspect précaire.

Double signe de cerveau : puissance mentale, fécondité créatrice.

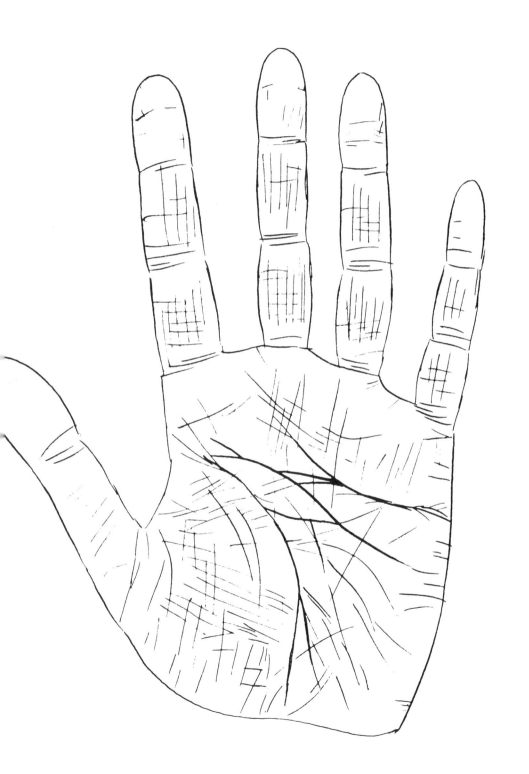

Grande île au centre de la paume : magnétisme, touche géniale et bizarre, complexité, sentimentalité énigmatique, abondance des images sensibles et émotionnelles créatrices.

Rameau du signe de cœur vers le signe de cerveau : sentiments affectueux, protecteurs et absolus.

Main ferme et pouce long : force vitale.

Signes nombreux et fins : grande sensibilité.

Signes ascendants sur l'éminence hypothénar expressive : inspiration, imagination exaltée, grands voyages, influence de l'étranger.

Triple signe vertical sous l'annulaire avec carré, signe de vie avec. des rameaux ascendants et des petits signes magiques : aventure terrestre originale et mouvementée, réussite.

La main de Blaise Cendrars

Cette main puissante et élégante, où s'allient la force et l'esthétique, est celle d'un mystique.

L'ampleur de l'éminence thénar, sillonnée de carrés et de signes, révèle la puissance vitale et créatrice, la sphère instinctive, l'être et l'œuvre riches en émotions, en sensations et en couleurs.

Le signe axial forme, de la région proximale à la région centrale, une grande île (sésame de Cendrars et de sa vie) reliant les éminences thénar et hypothénar, symbolisant la nature secrète, énigmatique, magique, tumultueuse et expressive des fièvres, du mouvement, du départ et des forces naturelles éprouvées.

Signes sur l'hypothénar : agitation mentale, oscillation entre les horizons nouveaux et le port d'attache, désir d'évasion, grands voyages.

Le pouce long et musclé propulse l'énergie vitale et l'extériorise dans le monde physique et charnel (thénar) ou la plonge dans un des labyrinthes (doigts) du créateur.

Tracé varié du signe de cerveau, auriculaire écarté, fins signes verticaux dans les phalanges : réceptivité cérébrale, perceptions sensibles et émotionnelles créatrices.

Croix mystique dans la main gauche.

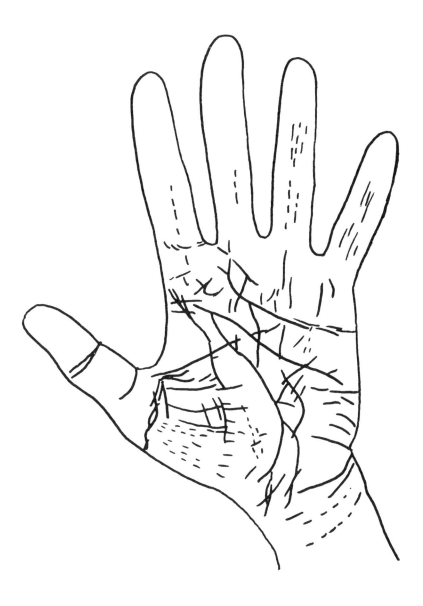

Signe d'influence lié au signe de vie dans la région proximale : attirance pour le merveilleux et l'aventure.

La main coupée est indiquée par un signe allant de l'éminence thénar au signe de vie qu'il coupe d'une croix profonde, sous l'axe du
médius.

La main de Raymone Cendrars

Signe axial gravé de la région proximale à la racine du médius : vie pleine de péripéties et d'événements, fatalité, libre arbitre limité.

Grands carrés cloisonnés au centre de la paume : protection accordée par le destin.

Signes îlés sur thénar : attachements affectifs originaux.

Signe de cœur en trident : amitié chaleureuse et spontanée.

Phalanges proximales longues : vie méditative et contemplative.

Paume allongée et étroite : introversion, repli sur soi.

Éminence hypothénar développée : personnalité gouvernée par l'imagination et la rêverie, sublimation.

Doigts centrés sur le médius : nature secrète, solitaire et soumise au destin.

Étoile sur thénar et étoile sur hypothénar : événements soudains et extérieurs à la volonté.

Auriculaire proche de l'annulaire : retrait du moi avec l'expérience de la vie.

Fourche du signe de cerveau, auriculaire pointu et lisse : subtilité, sens critique, souplesse.

Pouce long, bien formé et charnu à la phalange distale : moi décidé, orgueilleux et impulsif.

Signes de vie et axial liés dans la région proximale en trident : longévité.

Grands carrés sur thénar : vitalité, santé.

En lisant la main gauche on voit une grande étoile sur l'hypothénar formant un carré d'où s'élève un signe de voyage : influence de l'étranger, d'un homme venant de l'étranger fasciné par l'évasion ; c'est aussi du mouvement dans la destinée, un danger de voyage sur l'eau et un événement insolite lors d'un voyage.

Croix sur hypothénar, main allongée et étroite : sublime les voyages physiques en voyages intérieurs, contact psychique avec l'espace, lien avec des proches vivant à l'étranger.

Point étoilé et carré sous l'index : rencontre d'un être célèbre et honneur.

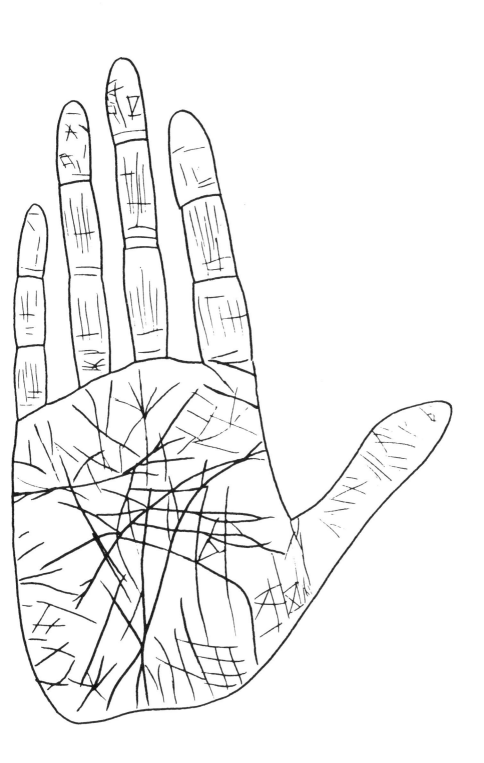

La main de Jacques Chessex

Le dos de la main est lisse : sensibilité. Grande veine saillante du poignet à la racine du médius : nostalgie, regrets et désirs sublimés dans la création. Les ongles sont courts (analyse, critique) et bien formés (résistance organique). La paume est musclée, vallonnée et l'éminence thénar saillante : l'Éros et la Mort dominent l'œuvre. Le signe de cœur est légèrement rouge (passion violente) et les autres signes plus pâles. La main alterne entre l'humidité (émotivité) et la sécheresse (tension). Sa température oscille entre le chaud (être communicatif) et le froid (être solitaire). L'écartement du pouce et du médius est grand : indépendance d'action, mais aussi réaction face à la solitude.

Chaque main représente un monde aux tendances opposées et complexes. La main gauche et la main droite dissemblables éclairent l'ambivalence et les violents contrastes animant l'être sur un fond terrien : charnel, cérébral, sauvage, tendre, mystique.

Éminences thénar et hypothénar développées : imagination et instinct forts sensibilisent les ténèbres de l'être.

Pouce résistant : capacité créatrice et d'action. Phalanges distales charnues : ressources vitales.

Deux boucles formées par les sillons sur l'hypothénar : états émotionnels et sensibles multiples, vie onirique révélatrice, liens magiques avec la nature.

Arche sur le médius : tension et fragilité internes.

Petits signes traversant la paume de l'éminence thénar au-delà du signe axial qu'ils coupent : changement de l'être à plusieurs moments de sa vie dû aux influences extérieures et à un fait affectif.

Auriculaire écarté, signe d'intuition îlé touchant le signe de cœur : réceptivité, intuition, comportement sauvage et fugitif, sensibilité aux choses secrètes et à ses remous intérieurs, émotions créatrices.

Signe axial proche du signe de vie et profond : sensibilité à l'ambiance dans laquelle on évolue.

Signe de cerveau en fourche vers la région proximale : complexité, angoisse, fascination de la mort.

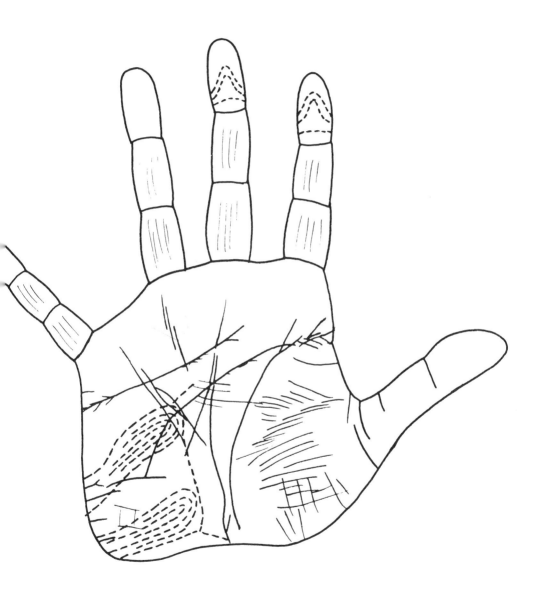

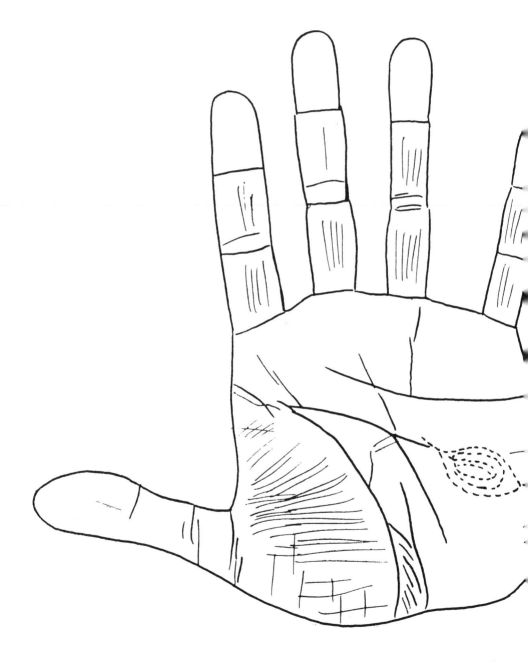

L'éminence hypothénar est molle et parcourue de fins signes : évasion imaginaire, voyages intérieurs.

Grand carré d'intuition créatrice.

Signe axial doublé par un signe d'influence, signe de réussite sous l'annulaire, signe de cerveau touchant un signe de voyage sur l'hypothénar : influence marquante des forces mystérieuses et progressive de la mort sur l'œuvre, consécration littéraire.

La main de Jean Ziegler

Longues phalanges médianes et grands carrés au centre de la paume : sens de l'observation, mémoire des faits, perceptions et impressions sensibles abondantes, aspect mystique.

Pouce musclé et écarté : grande vitalité et personnalité ; avec un tourbillon : individualisme.

Grande surface de la main : ampleur de la sphère d'action.

Doigts écartés, surtout l'index : ouverture au monde, non-conformisme, conviction, fougue, élan, impulsivité.

Signe de cœur gravé bas dans la paume, long et en trident : idéalisme, vie du cœur expressive.

Annulaire esthétique : attirance pour l'art, goût esthétique.

Phalanges médianes plus longues que les distales : active réalisation des idées.

Phalange racine longue du médius : vie intérieure importante, nature secrète, profondeur, intensité.

Auriculaire long et écarté avec un petit carré cloisonné dans sa phalange proximale : réceptivité, intuition, esprit brillant, art de l'élocution et de l'argumentation, souplesse.

Doigts harmonieux et petits carrés dans la phalange du médius, carrés et triangle sur le signe de cerveau long et profond : vision instantanée des êtres et des faits dans la réalité, intelligence alliant l'analyse et la synthèse, pensée claire et concise, réalisme.

Main chaude, éminence thénar large et souple, forme carrée de la paume : chaleur, dynamisme, magnétisme, puissance de travail, activité, combativité.

Signe de cerveau incurvé sur l'hypothénar : sentiments nostalgiques et émotions soudaines.

Boucle sur l'hypothénar, carrés sur thénar : imagination créatrice.

Signes de grand voyage et d'influence de l'étranger sur l'éminence hypothénar.

Rare signe de réussite gravé de la région proximale à la racine de l'annulaire.

Du signe de vie s'élève un signe d'influence vers le médius : période importante de la vie liée à une création touchant un thème secret et ayant un grand et insolite retentissement.

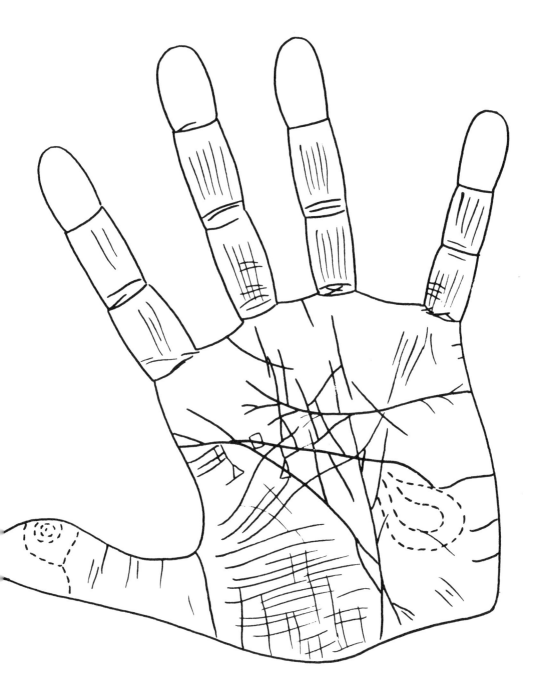

La main du père R. L. Bruckberger

Nombreux petits signes (grande sensibilité, excitabilité, nature tourmentée) sur les phalanges des doigts (vie psychique, monde de l'esprit).

Carré et triangle sur le bout du médius : impressions sensibles favorisées.

Deux carrés de protection et de perceptions subconscientes au centre de la paume.

Grande fourche du signe de vie dont une branche liée à l'éminence hypothénar : grand voyage continental, périodes de la vie vécues loin de son pays natal, influence de l'étranger.

Iles sur les longs signes de voyages : événements insolites pendant les voyages et lors des déplacements.

Étoile sous l'index, monticule parcouru de fins signes : désir de pouvoir, goût de l'honneur, ambition, orgueil, célébrité.

Deux points étoilés sous le médius : aspect mystique, sens philosophique, recherche de la sérénité, appel vers Dieu.

Phalange proximale du médius resserrée et, sur le dos de la main, jour entre l'annulaire et le médius : recherche de la vérité, attrait pour le mystère de la vie, contrôle de l'instinct.

Étoile dans la région proximale : existence faite de grands événements soudains et incontrôlables, favorables et défavorables.

Médius et annulaire proches : conviction en ses idées et désir de les imposer.

Éminence thénar large et charnue avec grands carrés : grande énergie vitale, tempérament ardent, désirs instinctifs ; la phalange proximale de l'index étant épaissie il y a tendance aux excès.

Phalanges distales de l'annulaire et de l'auriculaire élargies : mouvement dans les idées, impatience, passion.

Courbe arrondie de l'éminence hypothénar : imagination créatrice.

Quatre signes verticaux profonds sous l'auriculaire : œuvre féconde et don de soi.

Signe de cerveau long et doigts attirés vers l'auriculaire lisse : habileté.

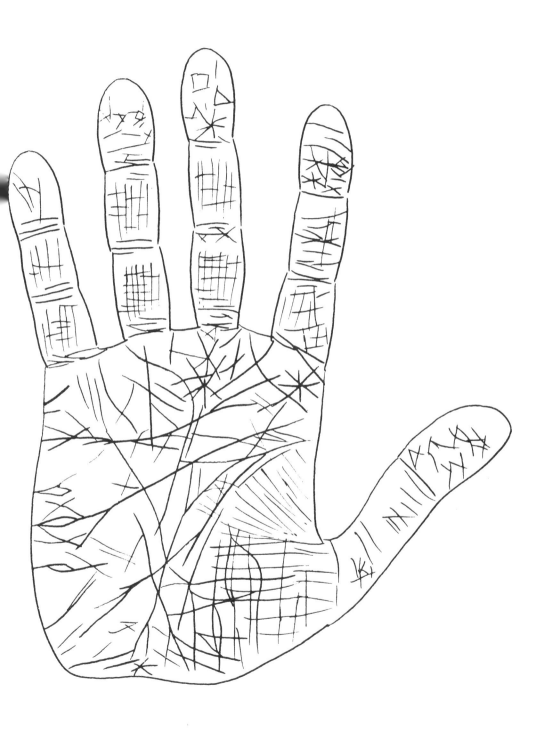

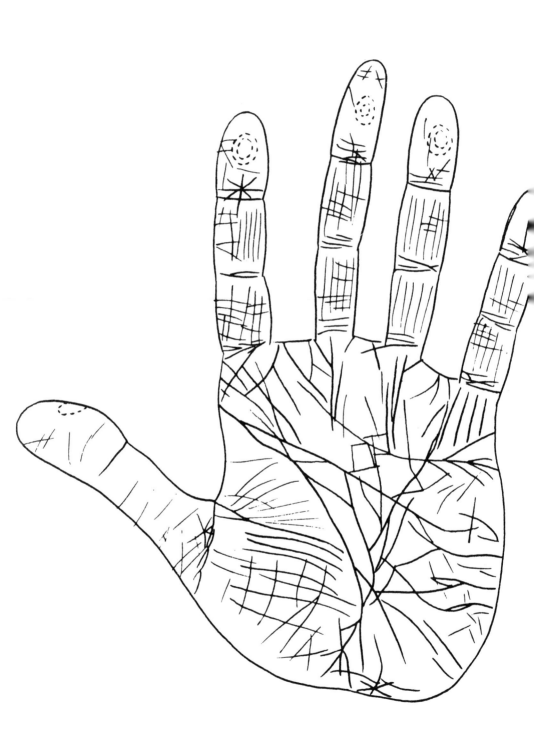

Signe de cerveau profond et fin : analyse et synthèse, idées claires et réalistes, profondeur et intensité psychiques.

L'index s'écarte du médius : non-conformisme, désir de rayonner dans sa sphère environnante, sens paternel et protecteur. Des petites îles dans la paume et sous les doigts : idées originales, risque de petits scandales.

Signe îlé proche du signe de vie à la base de l'éminence thénar : attraction affective originale en fin de vie.

Étoile de l'amour sur l'éminence thénar.

Signe de cœur long entre l'index et le médius : qualités de cœur, sentiments à la fois tyranniques, tendres, absolus et impulsifs, fidélité dans l'amitié.

Étoile et île sur un signe de voyage : voyage avec mission secrète et insolite.

Doigts courts : spontanéité, communication, émotivité, mobilité, l'action précède la réflexion, rapidité, synthèse.

Pouce très long : caractère énergique, fort, autoritaire, dominateur et colérique (phalange distale charnue), degré de créativité, puissance de travail. Avec de nombreux petits signes magiques (étoiles, croix, îles, carrés, etc.) : destinée remarquable et mouvementée.

La main de Robert Sabatier

Main gauche

Main terrienne.

Veine bleutée apparente sur le dos de la main et dirigée vers la racine du médius et de l'annulaire : nostalgie et rêves d'enfance réalisés dans la création.

Signes de vie et de cerveau confondus avec une petite île : enfance agitée et marquante.

Ile sur le signe de vie, dans la région proximale et signe d'intuition formant une grande île touchant le signe de cerveau (mémoire prodigieuse) : sensibilité et faculté naturelles intuitives, perceptives, créatrices et provoquant des faits insolites.

Signe de réussite naissant du signe de cerveau et s'élevant jusqu'à la racine de l'annulaire, petite île : célébrité due au talent et à l'expression de son art.

A la base de l'annulaire, rare signe en arc : art et harmonie.

Sur l'hypothénar, tracé fin et complexe des signes de voyages : voyages dépendant plus des circonstances extérieures que du réel désir de voyager.

Doigts courts, lisses et épais : nature sensuelle, émotive, chaleureuse, spontanée et généreuse ; inspiration poétique.

Éminence hypothénar importante et légèrement molle : forte imagination, rêverie, impulsion.

Main droite

Pouce long et signes harmonieux : personnalité équilibrée et vivante.

Doigts plus longs que ceux de la main gauche : profondeur et analyse s'alliant à l'esprit de synthèse.

Phalanges médianes longues : don d'observation.

Main longue, à grande surface : goût du détail et de l'anecdote, ampleur de la sphère d'action.

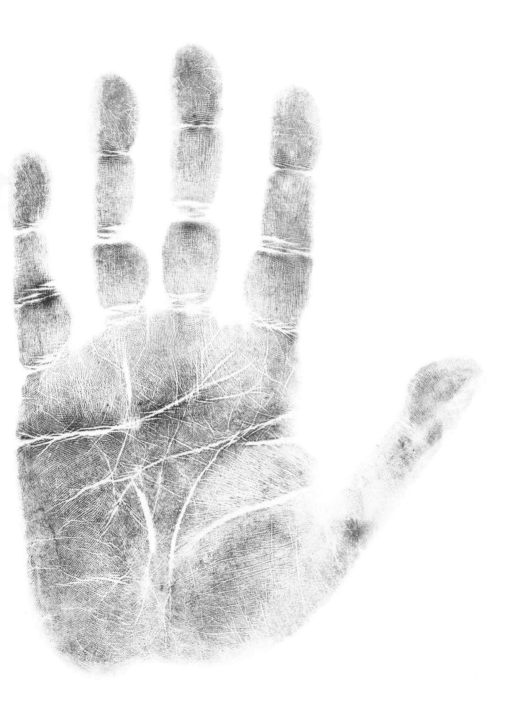

Carrés créateurs sur l'éminence thénar.
Paume développée : fort instinct.
Courte phalange proximale de l'annulaire : nostalgie.
Petits signes sur les phalanges distales : tourments.
Long signe de cœur (grande sensibilité) en fourche (alternance de sentiments réalistes et idéalistes).
Médius et annulaire rapprochés : vie intérieure et sentiments affectifs s'influençant.
Auriculaire long et lisse : aisance dans les contacts, facilité verbale, habileté, finesse d'expression.
Main gauche : impressions de l'enfance, réceptivité.
Main droite : activité, réalisation.

Écriture de R. Sabatier

POÈME

Tendez mes doigts pour effeuiller le monde
Et tendre aussi l'aile du lentement.
Nous disposons d'un espace et d'un livre
Et d'un domaine infini dans les marges,
Nous les ardents, déchirés par nature.

Bonne fourmi, donne-nous patience,
Cent fois la rive et cent fois la distance
De l'homme à l'homme en passant par le doute
Et du mensonge à toute vérité
Bonne à lécher comme un long sucre d'orge.

(...)

Robert Sabatier
16. 1. 1978

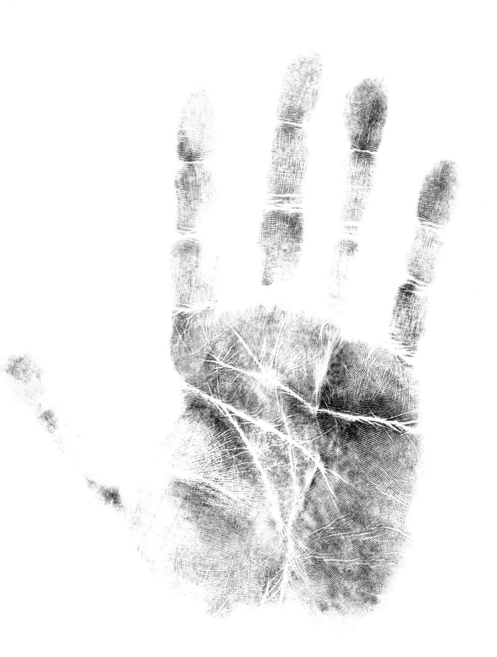

La main de Jane Birkin

Main longue et esthétique.

Sous l'annulaire de la main gauche, triple signe vertical et point étoilé reliés au grand carré magique de protection : talent et célébrité.

Signe profond sur l'hypothénar et signe en arc sous l'index et le médius : érotisme.

Signes fins et nombreux : sensibilité, excitabilité.

Éminences thénar et hypothénar accentuées : nature sensuelle, imaginative et ardente.

Tracé complexe des signes : tonus sujet à variations, destinée mouvementée.

Rare signe d'influence de l'étranger et de chance, naissant à la base de l'hypothénar et doublant le signe axial tout au long de son tracé.

Pouce long : personnalité affirmée.

Auriculaire long : adaptabilité, expression aisée, mobilité.

Signe de cerveau îlé : originalité, sentiments mélancoliques.

Signes de cerveau et de cœur rapprochés : sensation d'oppression.

Grande distance entre le signe de cœur et la racine des doigts : vie émotionnelle et affective expressive.

Signe d'union descendant dans la paume en coupant le signe de cœur : passion amoureuse envoûtante.

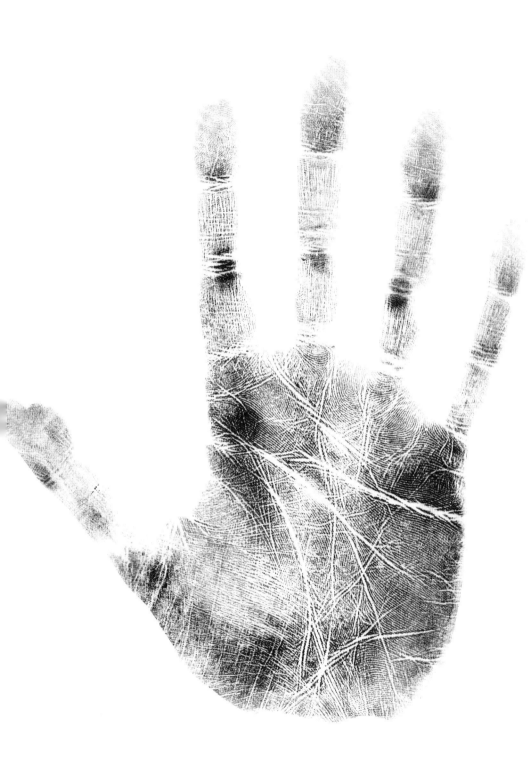

La main de Serge Gainsbourg

La main de Serge Gainsbourg est remarquable par le dessin des sillons de l'hypothénar, formant une boucle, les carrés à la racine de l'auriculaire et sur l'éminence thénar (disposition musicale et créatrice), ainsi que la longueur des phalanges distales (haut degré de réceptivité et de sensibilité émotionnelle).

Médius penché vers l'annulaire : tempérament artiste.

Éminence thénar développée : force vitale et sensualité.

Courte phalange proximale de l'annulaire : être sensibilisé par la fuite du temps.

Petits signes entrecroisés sous le médius : aspect précaire et solitaire, recherche de sensations nouvelles (signe horizontal et profond sur l'hypothénar).

Index écarté : non-conformisme.

Longue île allongée sur le signe de cerveau : originalité d'esprit, complexité, états d'âme créateurs.

Pouce long et musclé : forte personnalité.

Points sur le signe de cœur long, troublé et doublé : grande sensibilité émotionnelle et affective.

Éminence hypothénar, longs signes de mobilité et de voyages.

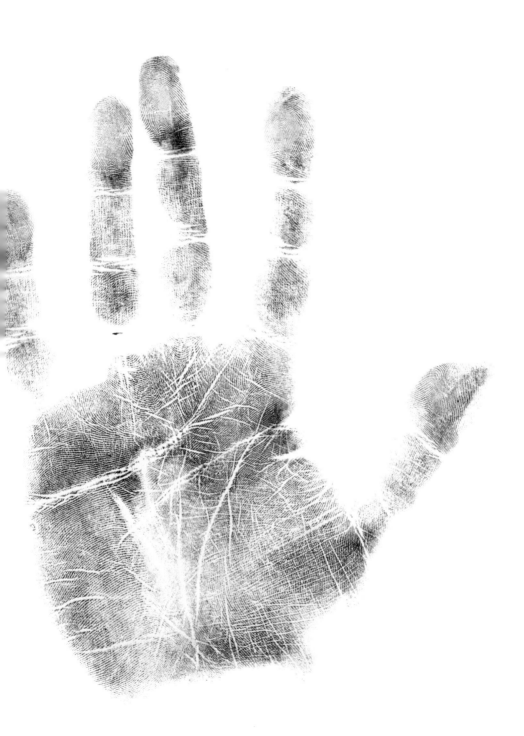

175

La main de Miou-Miou

Main naturelle.

Forme simple et équilibrée de la main, longues phalanges proximales des doigts : personnalité proche de ses racines, de l'enfance, de ses intuitions et de l'ambiance.

Doigts lisses et écartés, paume carrée : dynamisme, passion, activité, spontanéité, ouverture, projection du moi vers l'extérieur.

Au centre de la paume, petit carré de protection.

Bague au médius : superstition, protection du moi et de la vie intime.

Index, phalange proximale épaissie : sensualité.

Rameau émanant du signe de cœur vers le signe de cerveau : aspect passionnel.

Sous l'annulaire, signe vertical de réussite.

Dans la partie basse de l'éminence hypothénar, signes horizontaux (voyages maritimes) et ascendants (voyages aériens).

Longue phalange distale de l'auriculaire : expression vive, mobilité.

Signe d'intuition îlé et signe de vie îlé dans la région proximale : nature impressionnable et insaisissable.

Signe de cœur entre index et médius : sentiments spontanés, venant du fond du cœur.

États d'âme (petite île sur le signe de cerveau changeant de tracé) secrets (tourbillon sur la phalange distale de l'annulaire).

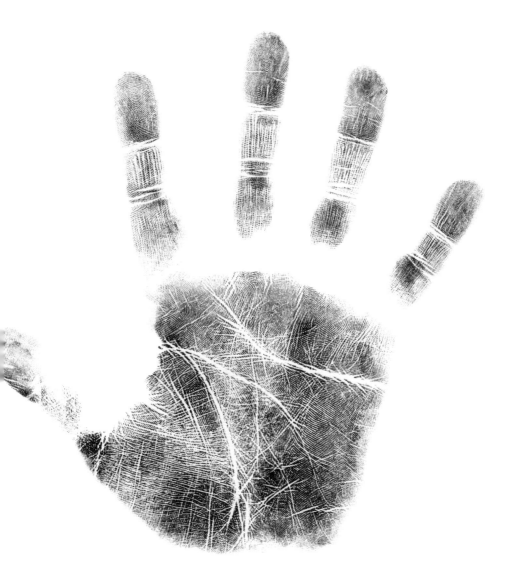

La main de Françoise Hardy

Belle main longue et étroite : sensibilité intérieure, projection du moi vers l'intérieur.

Grande étoile sur l'hypothénar, signe axial long et profond : destinée faite d'événements soudains et extérieurs à la volonté.

Grands carrés de protection magique au centre de la paume.

Sentiments émotionnels, affectifs (long signe de cœur avec rameaux, terminé entre l'index et le médius) et nostalgiques (signe de cerveau incurvé sur l'hypothénar).

Éminence hypothénar, triangle d'imagination et de nostalgie créatrices.

Bel annulaire : goût esthétique.

Pouce long, doigts harmonieux et tracé expressif du signe de cerveau : personnalité profonde et intelligente.

Doigts minces et lisses : activité et spontanéité.

Signe de vie troublée à son début : enfance perturbée.

Main gauche, boucle formée par les sillons de l'hypothénar et étoile mystique sous le médius : grand attrait pour les choses mystérieuses.

Index, phalange proximale épaissie : sensualité.

Carré sur le signe d'union : union protégée et événements favorables.

Sous l'annulaire, trois signes verticaux fins, profonds et longs : talent et célébrité.

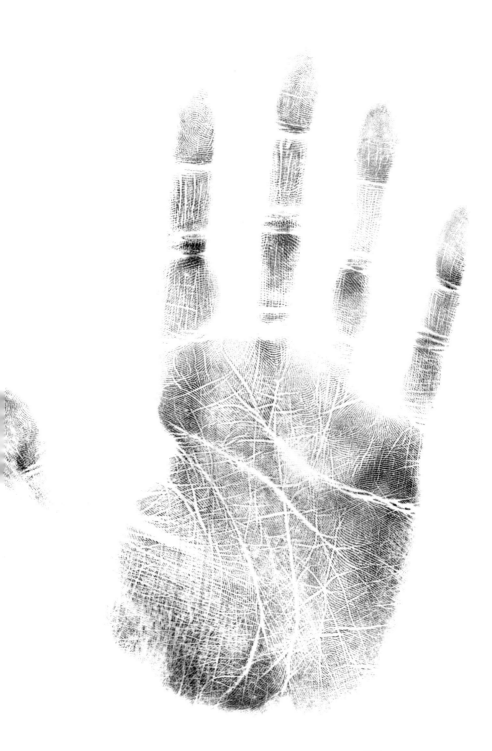

" La possibilité d'une réalité autre,
existant derrière les apparences, avec
d'autres références, devient un problèm
inéluctable, et nous sommes contrai
d'ouvrir les yeux sur ce fait que no.
monde de temps, d'espace et de causa
lité, est en rapport avec un autre ordre
de choses, derrière ou au-dessus du
premier, ordre dans lequel "ici et là",
"avant et après" ne sont pas essen tie

Écriture de Françoise Hardy (réduite de moitié)

La main de François Mitterrand

Qui est François Mitterrand ?

Ses mains vous le disent. Regardez sa main droite.

Avec la paume importante, le moi est proche de ses profondeurs, de la vie et de la nature.

Les petits signes verticaux sous l'auriculaire et les carrés sur l'éminence thénar protègent la santé et favorisent la vitalité ainsi que les facultés créatrices.

En observant l'éminence hypothénar, on remarque trois signes qui caractérisent le besoin vital de mouvements et de voyages.

Les doigts sont courts : François Mitterrand est ouvert, spontané, direct, exubérant, actif, émotif, communicatif et ressent fortement les impressions dans l'instant présent ; on note également une grande spontanéité d'action et de création.

Le pouce a une phalange distale charnue : cela caractérise la force du moi, la vigueur, la volonté, la combativité et l'impulsion.

L'index s'écarte du médius : idées libérées du conformisme social, esprit de décision et attrait politique. L'équilibre entre les aspirations (l'annulaire) et les réalisations (l'index) est réalisé, puisque ces deux doigts ont la même longueur.

Tourbillon sur le bout du médius : personnalité secrète.

Courte phalange sur l'annulaire : nostalgie du temps qui passe, rapidité d'exécution.

Longue phalange distale de l'auriculaire : expression aisée, sens de la répartie ; de plus, signe de cerveau en fourche : finesse d'expression, subtilité et diplomatie.

Dans la paume, les sillons sont bien disposés (équilibre) et ont un tracé simple (naturel). L'empreinte digitale est le tourbillon (sensibilité profonde, individualité, originalité), placé haut sur chaque doigt (idéalisme).

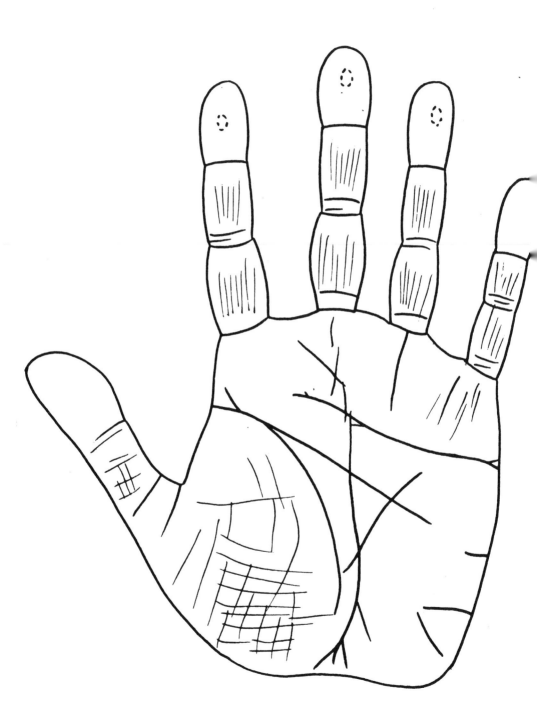

Fait remarquable, les signes sont peu nombreux, profonds et clairs : unité de la personnalité confirmée par la ressemblance de la main gauche et de la main droite.

Signes de vie et de cerveau réunis : timidité et repli sur soi, surtout pendant l'enfance et l'adolescence.

Signe de cœur terminé entre l'index et le médius ; sentiments affectifs pasionnés ; pourtant ceux-ci, avec l'évolution et l'expérience de la vie, sont moins expansifs et plus réalistes que par le passé (signe de cœur plus court dans la main droite et descendant).

Grande distance entre le signe de cœur et la base des doigts : vie de cœur expressive, générosité, sens humain.

Petit signe s'élevant du signe de vie vers l'index : ambition, concentration des forces et des actes de l'être vers un but.

Signe de cerveau long (intelligence remarquable, persévérance, maîtrise des émotions) et bien tracé (esprit clair).

Signe de cerveau long et doigts courts : analyse et synthèse.

Le signe axial est celui des grands destins : il est gravé dans la région proximale (influence de l'étranger) et il se lève en direction du médius (événements soudains et extérieurs à la volonté pouvant se manifester à tout moment de l'existence).

Proche du poignet, le signe axial est en trident : célébrité.

Signe vertical sous l'annulaire : satisfaction des désirs intimes.

La main de Jacques Dutronc

La main de Jacques Dutronc est celle d'une personnalité multiple (main gauche et main droite différentes) et d'une grande originalité (écartement des doigts, île sur le signe de cerveau, signe de vie en fourche).

Main longue et doigts longs : être secret, profondeur, activité intérieure.

Signe de cerveau doublé et en fourche : don d'interprétation.

Auriculaire écarté : indépendance.

Signe sur l'hypothénar : voyages.

Éminences thénar (vitalité, magnétisme, sensualité, sensation) et hypothénar (imagination) développées.

Carrés sur thénar, sillons en forme de boucle sur l'hypothénar : disposition musicale, réceptivité émotionnelle, impulsion.

Signe axial proche du signe de vie : influence du milieu familial et de l'enfance.

Pouce expressif, signes du poignet en chaîne, signe axial profond et varié, signe vertical sous l'annulaire : destinée originale et célébrité.

Écriture de Jacques Dutronc.

La main de Claude Lelouch

Comme le médius et l'annulaire sont rapprochés (nature artiste) et le signe de cœur émet des petits rameaux vers le signe de cerveau, les sentiments affectifs et émotionnels influencent la vie psychique.

Pouce long et expressif, index écarté : impulsion, action, indépendance et liberté.

Dans la main de Claude Lelouch, un fait est frappant : la forme des éminences thénar (la vitalité, l'amour) et hypothénar (l'imagination).

Les sillons de l'hypothénar forment une double boucle : grande imagination, images naissant spontanément. Les signes n'indiquent pas seulement le mouvement et les voyages, mais une mobilité intérieure et, avec cette forme caractéristique de la paume large, un besoin vital d'extérioriser et de communiquer ce qui est en soi, les émotions, les images et les sensations vécues dans le présent et la réalité.

Signe de cœur expressif (sentiment) et profond (intensité).

Signe de sublimation dans la région distale, tourbillon sur l'annulaire : réceptivité émotionnelle, sensibilité créatrice.

Grand carré (protection) reliant le signe vertical (réalisation des désirs) sous l'annulaire et le signe axial (destinée).

Signe axial proche du signe de vie : moi imprégné du milieu familial et de l'enfance.

Dans la main gauche, le signe axial est en plusieurs tronçons (activités multiples); puis il touche le signe de cerveau (29-30 ans) dans une petite île (événement avec un grand retentissement) et continue son tracé, doublé, jusqu'à la racine du médius. C'est une phase importante dans la vie et l'art de Claude Lelouch.

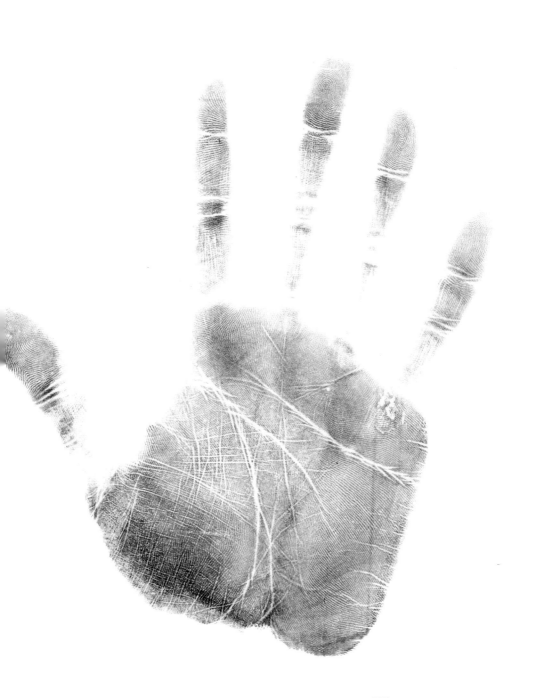

La main de Sempé

Voici la main de Sempé.

L'éminence thénar (l'amour et la passion de la vie) domine la paume de la main droite.

Signe de cœur gravé bas, région distale expressive, éminence hypothénar renflée : vie du cœur riche, sentiments affectifs, tendresse, émotivité.

Phalanges distales longues : grande réceptivité psychique et émotionnelle.

Pouce long et écarté : indépendance d'action.

Médius et annulaire proches : vie intérieure et affectivité liées et s'influençant.

Annulaire harmonieux : goût esthétique, sens artistique.

Auriculaire implanté bas et écarté dans la main gauche, signe d'intuition formé de plusieurs traits : intuition créatrice, être agissant par impulsions.

Paume large : besoin d'extérioriser.

Courbe du signe de cerveau sur l'hypothénar : nostalgie et imagination teintant la vie psychique.

Doigts resserrés à la racine : l'art s'exerce avec observation, précision, finesse, nuance et recherche ; leur longueur donne une tendance analytique et profonde ainsi que le goût du détail.

Observez le remarquable signe reliant le signe de vie et toute l'éminence hypothénar : vitalité renforcée, imagination sensuelle, désir d'évasion et de vivre à l'étranger, grands voyages et influence de l'étranger sur la destinée et la vie amoureuse (grande fourche du signe de vie, signe axial touchant le signe de cœur et changeant de tracé).

Tracé harmonieux du signe de cerveau séparé du signe de vie (l'indépendance est prise tôt dans la vie) et débutant, sous l'index, avec un petit rameau : belle possibilité de réussite due à l'intelligence, à l'originalité (main originale) et à l'humour (auriculaire long et bien formé, petite fourche sur le signe de cerveau).

Dans la main gauche (l'enfance), le signe axial est profond : sensibilité à l'ambiance.

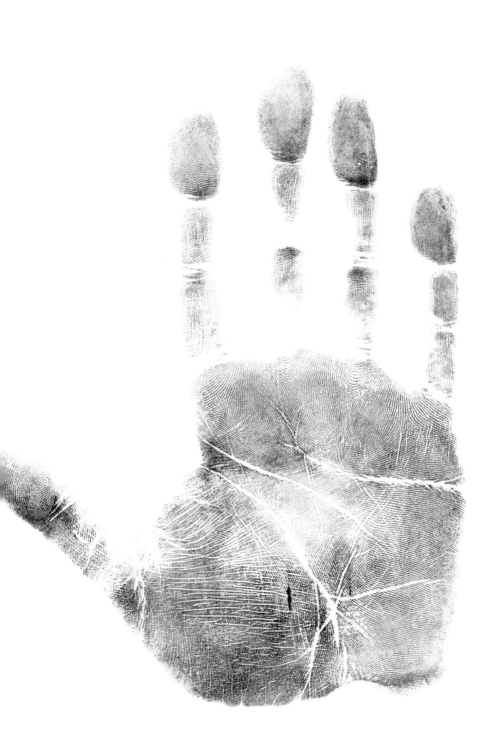

Je préfère la bonne musique à la mauva

Erik Sati

C'est, à peu près, tout ce que j'ai à dire

Sempé

ACHEVÉ D'IMPRIMER LE 2 JUIN 1983
SUR LES PRESSES DE L'IMPRIMERIE HÉRISSEY
POUR LE COMPTE DE FRANCE LOISIRS
123, BOULEVARD DE GRENELLE, PARIS

Imprimé en France
Dépôt légal : Juin 1983
N° d'éditeur : 8113 — N° d'imprimeur : 32385